विजेन्द्र चौहान

लुक अराउंड

UPSC 2.0

लुक अराउंड

UPSC 2.0

अनबाउंड स्क्रिप्ट का उपक्रम

लुक अराउंड : विजेन्द्र चौहान

प्रथम संस्करण : 2025

द्वितीय संस्करण : 2025

© विजेन्द्र चौहान, **2025**

ISBN : 978-93-48497-18-5

प्रकाशक : अनबाउंड स्क्रिप्ट
2/41, अंसारी रोड,
दरियागंज, दिल्ली–110002

वेबसाइट : www.unboundscript.com
ई–मेल : books@unboundscript.com
फोन नं. : 011-35807601

मुद्रक : एच.टी. मीडिया लि., ग्रेटर नोएडा

LOOK AROUND
Written *by* Vijendra Chauhan

मूल्य : ₹ 249/-

सर्वाधिकार सुरक्षित; लेखक / प्रकाशक की अनुमति के बिना
इस पुस्तक के अंशों का उपयोग नहीं किया जा सकता।

अनुक्रम

भूमिका

चूँकि 'लुक अराउंड' की यह प्रति आपके हाथों में है तो ज़ाहिर है कि आप या तो प्रतियोगी परीक्षाओं की दुनिया से जुड़े हैं या जुड़ने वाले हैं। इस किताब के लेखक के तौर पर सबसे पहले तो आपका शुक्रिया कि आपने इस किताब को अपनी जिज्ञासाओं के शमन के लिए चुना। ऐसा दावा नहीं है कि आपके सभी सवालात के ठीक वही जवाब, जो आपको चाहिए, इसमें दिये गये हैं। अलबत्ता उन सवालात के वे जवाब इसमें ज़रूर देने की कोशिश की गई है, जो पिछले तकरीबन पच्चीस सालों से इस दुनिया को नज़दीक से देखते हुए उसे सैद्धांतिक और व्यावहारिक लिहाज़ से समझने की कोशिश से मुझे हासिल हुए हैं। ये सवाल सैंकड़ों बार मेरे सामने पेश किये गये हैं– अलग-अलग लोगों द्वारा और अलग-अलग हालात में पेश किये गये हैं- ख़ुद एस्पिरैन्ट्स ने, उनके माता-पिता ने, परीक्षाओं से कोई लेना-देना न रखने वाली गृहणियों या स्कूली बच्चों के पिताओं ने भी इन सवालों को पूछा है। इन सवालात और उन्हें पेश करने वालों को देख-समझकर जो सीख मेरे हाथ लगी है, उनमें से सबसे अहम यह है कि '*अधिकतर सवाल किसी जवाब के लिए नहीं पूछे गये होते*'। ये बात आपको हैरान कर रही होगी। पहले मुझे भी करती थी लेकिन यही सच है। अधिकांश मामलों में सरकारी नौकरी पाने-दिलाने वाले तंत्र के बारे में जो सवाल पूछे जाते हैं, सवालकर्ता उनका ईमानदार जवाब नहीं जानना चाहता बल्कि उनका वह, वही जवाब सुनना

चाहता है जो उसके मन में पहले से है। वह जवाब नहीं वैलिडेशन चाहता है। आठ साल के बच्चे का पिता चाहता है कि मैं कह दूँ कि बच्चे को अपनी जमात की पढ़ाई के साथ-साथ रोज़ाना दसेक घंटे इस बात पर भी लगाने चाहिए कि उसे इराक़ के राष्ट्रपति और ब्राजील की नदियों के नाम मुँहजबानी याद हो सकें। वे जवाब नहीं अपने विश्वास का वैलिडेशन चाहते हैं। ज़ाहिर है मुझे उन्हें निराश करना पड़ता है। इसी स्थिति ने मजबूर किया कि इन मामलों को कुछ ईमानदारी से हैंडल किया जाए। ऐसा करने के लिए 'अर्जुन द्वारा मछली की आँख पर ध्यान केंद्रित करने' के बहुत इस्तेमाल किये गये और कई मामलों में घिसे पिटे रूपक से आगे जाने की ज़रूरत है। यह सिर्फ़ देखने की दिक़्क़त है कि ऐसे में हम उस सिस्टम को नहीं देख पाते, जिससे वह मछली जो वहाँ है - घूम रही है - प्रतिबिम्ब दे रही है। सिर्फ़ मछली की आँख देखने से यह नहीं स्पष्ट हो पाता है कि क्यों अर्जुन को ये मौक़ा मिलता है और एकलव्य को नहीं। ये सब जानने के लिए थोड़ा आसपास ऊपर नीचे देखना ही पड़ेगा– **लुक अराउंड** करना पड़ेगा। तभी वह व्यवस्था दिखाई देगी जिसे जानना उस लक्ष्य को हासिल करने की पूर्वशर्त है, जिसे ख़ुद व्यवस्था ने ही आपके मन में स्थापित किया है। आपका ये पूर्वानुमान पूरी तरह ग़लत भी नहीं है कि ये किताब यह बताने की कोशिश करती है कि सिविल सेवा और इस किस्म की प्रतियोगिताओं में सफलता पाने के लिए क्या करना चाहिए और क्या नहीं करना चाहिए लेकिन ऐसा करने के लिए यह पाठक को भ्रम और ख़ुशफ़हमी के पहाड़ पर नहीं बैठाती। *यह "यू केन डू इट" छाप मोटिवेशनल किताब नहीं है।* लेखक के रूप में मैंने कोशिश की है कि ये किताब ज़मीनी यथार्थ की नज़र से एक **क्रिटिकल मोटिवेशन** दे सके। किताब का मक़सद ये नहीं है आप सब कुछ नज़रअंदाज़ कर किसी तैयारी में पहले कूद पड़ें और बाद में हिसाब लगायें कि कहाँ कूद पड़े! इसके विपरीत यहाँ कोशिश है कि परीक्षा के पर्चों के नाम और सिलेबस भर को देखने के बजाय आप उसके इर्द-गिर्द खड़े इस **पूरे ईकोसिस्टम** को देखें- उसके बारे में जानें और उसके ही हिसाब से अपनी रणनीति बनाएं। अगर आप पहले से

ही एक प्रत्याशी हैं तो अपनी रणनीति को इसके हिसाब से एडजस्ट करें और अगर अभी इस प्रतियोगिता में शामिल नहीं हुए हैं तो इसके आधार पर तय कर सकें कि आप यही करना चाहते हैं या कुछ और। इस बात का मतलब यह नहीं है कि मैं इस भ्रम की तस्दीक कर रहा हूँ कि "यूपीएससी मटेरियल" जैसी कोई चीज़ होती है। *एक पूरे अध्याय में मैंने इस मिथक को समझने और समझाने की चेष्टा की है कि कैसे यह सामाजिक पूँजी के प्रजनन की कोशिश में खड़ा किया गया मिथ है।* और अगर आप अपनी सामाजिक सांस्कृतिक पूँजी से मिलने वाले लाभ और हानि का सही विश्लेषण करने को तैयार हैं तो आप ही यूपीएससी मटेरियल हैं। इस क्रम में प्रतियोगी परीक्षा उद्योग के कई ऐसे तथ्य उजागर हो गये हैं, जिनके बारे में कम ही लोग खुलकर बात करने का जोखिम उठाते हैं। जब इस उद्योग की बात की जाती है तो अधिकतर बातें केवल कोचिंग उद्योग तक ही सीमित हो जाती हैं और लोग इस उद्योग मात्र को बलि का बकरा बनाते हैं। सच्चाई यह है ये उद्योग हमारी औपचारिक शिक्षा में मौजूद कमियों और निर्वात को भरने के लिए खड़ा हुआ है। इसके साथ ही यह समझना भी ज़रूरी है कि इस उद्योग में सिर्फ़ कोचिंग उद्योग नहीं बल्कि सोशल मीडिया और इन्फ्लुएंसर इंडस्ट्री भी शामिल है। संयोग से मैंने इन सभी उद्योगों को निकटता से देखा है। आप कह सकते हैं कि कम या ज़्यादा मैं इन सबमें शामिल रहा हूँ। अपने इस तजुर्बे के आधार पर ही मैं कहता हूँ कि इस अंतर्गुम्फन ने इन परीक्षाओं की तैयारी के पूरे तंत्र को इतनी गहराई से प्रभावित कर दिया है कि अब इसे समझे बिना अपनी सफलता के बारे में सोचना मासूम कल्पना भर है।

आपको एक शिक्षक की ओर से ऐसी हिदायत की ज़रूरत थी जो आपको अंदर की बात बता सके। बता सके कि कैसे इसके प्रभाव को समझकर इसके सही इस्तेमाल से आगे बढ़ा जा सकता है। यह किताब ऐसी ही हिदायत बनने की कोशिश करती है। एक ग़ैरबराबर समाज मे सबको बराबर मानने की ज़िद ख़ुद एक औज़ार होती है– इस ग़ैरबराबरी को बनाये रखने और बढ़ावा देने का औज़ार। ये ग़ैरबराबरी तमाम चीज़ों पर लागू होती है– प्रतियोगी

परीक्षाओं पर भी। हर प्रतियोगी अपनी पृष्ठभूमि में अलग और सामाजिक-आर्थिक स्थितियों में भिन्न है। ऐसे में ये मानना कि उसकी तैयारी एक जैसी होगी या होनी चाहिए, ऐसा भ्रम है जिसका निवारण किये बिना सफल होने की चाह आँखों पर पट्टी बाँधकर बेर चुनने जैसी है। ऐसे में कभी-कभी किसी के हाथ बेर लग भी सकता है लेकिन अधिकतर को काँटे ही चुभते हैं। सबसे अहम बात कि यह सही तरीका नहीं है। जो लेखक और वक्ता तमाम मंचों से सफलता को केवल मेहनत, लगन और जुनून का समीकरण बताते हैं वे या तो जान-बूझकर अन्य पक्षों को नज़रंदाज़ कर रहे हैं या फिर ख़ुद अनभिज्ञ हैं, वैसे पहली बात की संभावना ज़्यादा है। सच्चाई ये है कि सफलता में मेहनत, लगन और जुनून मदद करते हैं किंतु तमाम आँकड़े बताते हैं कि सफलता के समीकरण में अंततः आपके प्रिविलेज और अभाव ज़्यादा बड़ी भूमिका अदा करते हैं। चूँकि आपके आर्थिक और सामाजिक प्रिविलेजेज़ और डिप्रिवेशंस की अहम भूमिका है इसलिए उन्हें समझना और फिर अपनी यात्रा को इस प्रकार एडजस्ट करना कि इनकी समझ आपकी यात्रा को सुगम बनाये, किताब ऐसे कुछ औजार देने की भी चेष्टा करती है ताकि आप यह विश्लेषण सटीक तरह से कर सकें।

गुज़ारिश है कि ये मानकर न चलें कि आपके ग़रीब या अमीर होने से, स्त्री या पुरुष होने से, दलित-सवर्ण, अल्पसंख्यक-बहुसंख्यक, आदिवासी आदि होने से आपकी तैयारी के विभिन्न पक्षों पर कोई असर नहीं पड़ता। पड़ता है और बहुत असर पड़ता है। इस अंतर का ध्यान न रखा जाए तो आपकी सफलता की संभावनाओं पर बेहद बुरा असर पड़ सकता है। कुल मिलाकर सालों के अपने अनुभव के आधार पर मेरा प्रयास उन व्यक्तिगत और सामाजिक पक्षों की तरफ़ इशारा करने का है, जो युवाओ में अधिकारी बनने की इच्छा को पैदा करते हैं या प्रभावित करते हैं। यह किताब **लुक अराउंड** के ज़रिए यह भी बताती है कि कैसे इन घटकों को जानना और समझना आपकी यात्रा को सुगम बना सकता है या कम-से-कम उन मुश्किलों को कम कर सकता है, जो इन्हें जाने बिना ही इस यात्रा में कूद पड़ने से पेश

आती हैं। किताब चूँकि उस सोच और तजुर्बे से उपजती है जो इस तंत्र से लंबे जुड़ाव से मैंने हासिल किये हैं इसलिए इन बातों को मैं कई और जगहों पर भी कहता रहा हूँ। ऐसा करना मेरी ज़िम्मेदारी है। इसलिए कुछ बातें आपको मेरे सोशल मीडिया चैनलों पर भी देखने सुनने को मिलेंगी लेकिन माध्यम बदलने से उनके कहने के तरीके में भी बहुत बदलाव करना पड़ता है, जो कि यहाँ किया गया है।

किताब आपके हाथ में नहीं होती यदि आसपास ऐसे लोग न होते जिन्होंने मुझे लगभग मजबूर कर दिया कि इस विचार को अमली जामा पहनाया जाए। प्रकाशक श्री अलिन्द और संपादक श्री आशीष अनुजवत हैं और ये काम करवा ले गये हैं, उनका शुक्रिया। दोस्तों का शुक्रिया कि उत्साह बढ़ाते रहे। नीलिमा, प्रभव और मिष्टी का अलग से क्या शुक्रिया– वे हैं तो सब कुछ है और ये सब कुछ उनसे ही है, उनका ही है।

अब प्रति आपके हाथ में है तो फैसला आपके हाथ- पढ़ें और तय करें।

विजेन्द्र चौहान

गणतन्त्र दिवस, 2025

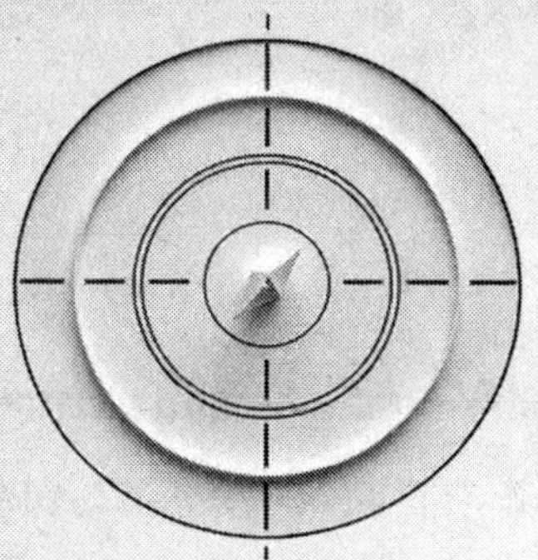

भाग-एक

गोल सेटिंग

- कौन है यूपीएससी मटेरियल
- शुरुआती तीन सवाल
- सिविल सर्विसेज़ ही क्यों
- दुनिया का सबसे मुश्किल एग्ज़ाम क्यों

असली इम्तिहान ये है कि प्रत्याशी अपने अभाव और
प्रिविलेज़ को कितना बेहतर समझता है

अध्याय- 1

कौन है यूपीएससी मटेरियल

"कहाँ एसएससी के चक्कर में टाइम बर्बाद कर रहे हो, तुम तो यूपीएससी मटेरियल हो!" या फिर- "कहाँ यूपीएससी के फेर में फँसे हो, यूपीएससी मटेरियल अलग होते हैं... ।" इस किस्म की बातचीत आम है। दरअसल इसी किस्म की राय ने समाज में यह सोच पैदा कर डाली है कि दो ही किस्म के एस्पिरैन्ट्स होते हैं। एक वे जो यूपीएससी मटेरियल हैं, जिनके इस परीक्षा को पास करने की संभावना अधिक होती है– और वे कलेक्टर बनने के राजसी गुण लेकर ही पैदा हुए हैं। दूसरी ओर वे एस्पिरैन्ट्स हैं, जो नॉन यूपीएससी मटेरियल हैं और उनका बैकग्राउंड और व्यक्तित्व ऐसा है कि वे इस एग्ज़ाम में बस और बस फेल होने के लायक हैं। देखा जाए तो ये सोच ख़ुद में उस औपनिवेशिक सोच से बहुत अलग नहीं है जो यह मानती थी कि शासन करने का स्वभाविक हक तो सिर्फ अंग्रेजों का है और वही शासक मेटेरियल हैं, बाकी तो सब प्रजा हैं। या इसी तरह से वह सोच, जो मानकर चलती है कि कुछ ख़ास जाति के लोग ही हाकिम बनने योग्य हैं, वे ही “हाकिम मटेरियल” हैं, बाकी को "छोटे सपने" देखने चाहिए “कुछ और” काम करने चाहिए।

तो आइए फिर इस "यूपीएससी मटेरियल" की अवधारणा को ही समझ लिया जाए और ये भी जान लिया जाए कि ऐसी कोई अवधारणा होती भी है या फिर यह बात एक ग़लत प्रचार और झूठ भर है।

मैं हर साल सैकड़ों परीक्षार्थियों से मिलता हूँ, उनके व्यक्तित्व की परख में शामिल होता हूँ, जो यूपीएससी की परीक्षा पास करते हैं और यकीनन कह सकता हूँ कि व्यक्तित्व का कोई एक आदर्श खाका नहीं होता, जिसे यूपीएससी मटेरियल कहा जा सके। **यूपीएससी मटेरियल होना एक मिथ है। ऐसा कोई बेंचमार्क व्यक्तित्व नहीं है।** यदि एक तरह के गुणों से बने शख़्स का इंटरव्यू लिया और लगा कि इसका चयन होने की संभावना है, जो होता भी है; तो अगले ही दिन किसी ऐसे व्यक्तित्व से भी साबका पड़ जाता है, जिसे देखकर लगता है इसका चयन होना ही चाहिए– हुआ भी। लेकिन दोनों एस्पिरैन्ट्स के व्यक्तित्व, बैकग्राउंड, हालात एक दूसरे से एकदम अलग थे। रवि कुमार सिहाग और अक्षत जैन दोनों राजस्थान से आईएएस बने और संयोग से मैंने दोनों का मॉक इंटरव्यू लिया था– लेकिन क्या दोनों की पर्सनैलिटी एक जैसी है?

रवि सिहाग का मॉक इंटरव्यू हिन्दी में हुआ था, उनसे पूछा गया– "आपकी माताजी खेत पर किस किस्म का काम करती हैं। आपके यहाँ खेती में किस किस्म की दिक़्क़तें हैं? आपके जिले श्रीगंगानगर में नहर आने के बाद क्या क्या दिक़्क़तें हुई हैं?" दूसरी ओर अक्षत जैन के डैफ (DAF) के मुताबिक उनकी पूरी ज़िंदगी प्रिविलेजेज़ से सजी हुई दिखी- एकदम धाराप्रवाह अंग्रेज़ी, उच्चारण एकदम त्रुटिहीन। अक्षत अपने आईआईटी बैकग्राउंड के बारे में बताते हैं। उनसे जब पूछा जाता है कि उन्हें क्या लगता है, इस वक्त उनके राज्य के खेतों में बुआई चल रही है या हल? तो उनके पास जवाब नहीं था। ज़ाहिर है एक अर्बन प्रिविलेज्ड युवा के अनुभव में खेत या खेती से जुड़े अनुभवों का होना मुश्किल है। लेकिन सवाल यह है कि दोनों में से कौन यूपीएससी मटेरियल है? दोनों में कौन से गुण कॉमन हैं, जो इन

दोनों की पर्सनैलिटी में यूनीक है? क्या वे गुण यूपीएससी के लिए बेकार हैं? जवाब है– नहीं। इसका सबसे सही जवाब यह है कि यूपीएससी मटेरियल की थ्योरी झूठ है। यह कई बार ख़ुद-ब-ख़ुद फैल गयी है और कई बार साजिशन फैलाई गयी है।

पहले साजिश को समझ लेते हैं फिर भ्रम पर ध्यान देंगे। दुनिया भर में आजकल एकरूपता या मानकीकरण (Standardisation) का एक चलन है। आजकल यह एकरूपता वस्तुओं में ही नहीं व्यक्तियों में भी लाने का प्रचलन बन गया है। मानकीकरण यानी यह सुनिश्चित करना कि किसी सामान या व्यक्ति का 'पहले से तय किये जा चुके पैमाने पर खरा उतरना'। इसका मतलब, यह साफ है कि समाज में कोई पैमाने तय कर रहा है और समाज के बाकी लोग उनको पाने में लगे हुए हैं। इस बात को यूपीएससी के संदर्भ में समझें तो आप किसी 'स्टैण्डर्ड' को सामने रखकर उससे अपनी तुलना करते हैं और फिर अपने में एक या अनेक कमियों का एहसास करते हैं। आपको यह अभाव लगने लगता है– और बस आप इसी अभाव को भरने के लिए, अपनी 'इस कमी' को दूर करने का साधन खोजने निकल पड़ते हैं। ज़ाहिर है, जो तंत्र आपको इस आइडियल टाइप के विचार बेचता है वही घूम फिरकर आपको इस कमी को दूर करने के सामान बेचने भी आ जाता है। अब आपको यकीन दिला दिया जाता है कि आपकी 'इस कमी' को दूर करके आपको यूपीएससी मटेरियल बनाया जा सकता है। आप ऐसा बनकर 'सफल' हुए तो बाकी एस्पिरैन्ट्स को यही विचार बेचने के काम आएँगे और यदि नहीं बन पाये तो आप ख़ुद को इल्ज़ाम देंगे कि मैं यूपीएससी मटेरियल था ही नहीं, वरना जो होते हैं वो 'सफल' हो ही जाते हैं।

अब ज़रा इस भ्रम को देख लेते हैं। यूपीएससी मटेरियल के फैलाये हुए भ्रम में आत्मविश्वास, दृढ़ इच्छाशक्ति, अनुशासन, डिस्ट्रैक्ट न होना, ईमोशनल इंटेलीजेन्स जैसी चीज़ें गिनाई जाती हैं। ज़ाहिर है ये सब अच्छी चीज़ें हैं लेकिन मेरी ही तरह क्या आप ऐसे बीसियों लोगों को नहीं जानते

जिन्होंने अपनी तैयारी में इन सब गुणों का प्रदर्शन किया था फिर भी उनका चयन नहीं हुआ! इसलिए यूपीएससी मटेरियल वाली थ्योरी कोई कारगर थ्योरी नहीं है। पर बाज़ार में ये थ्योरी चल पड़ी है कि यूपीएससी मटेरियल जैसी कोई चीज़ है, जिसे साधकर सेलेक्शन पाया जा सकता है– न इसे ऑब्जेक्टिवली टेस्ट किया जा रहा है न ही इसे खारिज किया जा रहा है।

UPSC मटेरियल का मिथ रातों-रात खड़ा नहीं हुआ है। इसका एक पूरा नैरेटिव दिखाई देता है- इस संदर्भ में मुझे कालिदास वर्णित दुष्यंत-शकुंतला की प्रेमकहानी याद आती है। जब दुष्यंत शकुंतला को वन में देखता है और उसकी ओर आकर्षित होता है तो उसे ख़ुद पर आश्चर्य होता है कि एक राजसी व्यक्ति का मन इस वनकन्या की ओर कैसे आकर्षित हो सकता है! अतः वह इस निष्कर्ष पर पहुँचता है कि अवश्य ही यह सुंदरी उच्च कुल से ही है, तभी तो उसमें ये गुण और आकर्षण है। लगभग इसी प्रक्रिया से यूपीएससी के राजसी गुणों का नैरेटिव भी खड़ा किया गया है– अब जो भी चयनित होता है, उसमें इन्हीं गुणों को खोजकर इस नैरेटिव को और बल दिया जाता है। सच्चाई ये है किसी भी परीक्षा या मूल्यांकन प्रक्रिया के अपने पूर्वग्रह होते हैं, इस परीक्षा के भी हैं, उसी तरह सच्चाई है कि इस परीक्षा में सफल होने में आपकी सामाजिक आर्थिक स्थिति ही सबसे प्रभावकारी कारक है। इन सामाजिक आर्थिक कारकों की वजह से व्यक्तित्व में कुछ गुण ख़ुद-ब-ख़ुद आ जाते हैं। इस तरह आर्थिक-सामाजिक दिक्कतों का न होना इस परीक्षा में शामिल होने और सफल हो जाने की वजह बन जाते हैं। इसीलिए इन्हीं गुणों को फिर यूपीएससी मटेरियल होना कह दिया जाता है। ध्यान दिया जाए कि जिन प्रत्याशियों के पास ये साधन और अवसर रहे हैं, उन्हें इस किस्म के किसी मिथक की परवाह करने की ज़रूरत नहीं होती लेकिन जो अभावों और वंचनाओं से आते हैं और जिनके पास यह 'सांस्कृतिक पूँजी' नहीं होती, उनमें सिविल सर्विसेज़ के राजसी गुणों का अभाव बताया जाता है। ताकि जब वे देखें कि दरअसल प्रतियोगिता है तो इन्हीं सामाजिक आर्थिक प्रिविलेजेज़

वाले लोगों के बीच, तो वे इसके लिए ख़ुद को दोषी ठहराने लगें– "मेरा चयन होता ही कैसे, मैं यूपीएससी मटेरियल जो नहीं हूँ!"

इन सब बातों के आधार पर अगर हम इस फैसले पर पहुँचने लगें कि जिन लोगों के पास अपेक्षाकृत सुविधाजनक जीवन होता है, उनका व्यक्तित्व इन परीक्षाओं के लिए अधिक उपयुक्त होता है, तो ये भारी भूल होगी। यहाँ केवल यह कहा जा रहा है कि यूपीएससी मटेरियल जैसी बात ही निराधार है। अभाव और सुविधाओं की तुलना के सवाल पर यह समझना होगा कि हर विद्यार्थी अलग ज़मीन से उगा पौधा है इसलिए इनकी आपस में, एक ही कसौटी पर तुलना करना ठीक नहीं होगा। ये सही है कि अधिकतर मामलों में सुविधाजनक बैकग्राउंड बेहतर मौके मुहैया करवाएगा लेकिन अभावों से निकले युवाओं की जिजीविषा और उनका पक्का इरादा भी उनके अभावों की देन होता है, जिन्हें बाज़ार से खरीदना मुमकिन नहीं है। अपेक्षाओं का बोझ भी उच्च मध्यवर्ग के युवाओं पर ज़्यादा है। अभावों से आने वाले एस्पिरैन्ट्स से सफलता की उम्मीद भी कम ही की जाती है। उनकी सीमाएँ उनकी नाकामयाबी के इल्ज़ाम से उनकी रक्षा भी कर लेती हैं।

असली इम्तिहान ये है कि प्रत्याशी अपने अभाव और प्रिविलेज़ के समीकरण को कितना बेहतर समझता है। ऐसे एस्पिरैन्ट्स अधिकतर अपने कष्टों के बारे में तो जागरूक होते हैं उन कष्टों की आड़ भी लेते हैं लेकिन उनके बैकग्राउंड के कारण उनमें जो यूनीकनेस आती है, उनको जो अलग लाभ मिलता है, उसे नज़रंदाज़ करने की प्रवृत्ति दिखाई देती है। जबकि समझना यह है कि आपके बैकग्राउंड में कोई कमी होगी तो किसी और आस्पेक्ट में आप बेहतर बैकग्राउंड वाले कैंडिडेट की तुलना में फायदे की स्थिति में होंगे। इसलिए यूपीएससी मैटीरियल होने या न होने के ठप्पे से बचें और अपना आकलन आप ख़ुद करें।

यूपीएससी सिर्फ़ आपकी याददाश्त की परीक्षा नहीं लेता
इसलिए अपने कॉलेज की बाकी एक्टिविटीज़ पर भी फोकस करें

अध्याय-2

शुरुआती तीन सवाल

सर मैं सिविल सर्विसेज़ की तैयारी कैसे करूँ?

यह सवाल मुझसे अलग-अलग स्थितियों में पूछा जाता है। पार्टियों से लेकर एयरपोर्ट तक, क्लासरूम और पब्लिक फंक्शंस से लेकर श्मशान घाट तक में। सुदूर गाँव की पाँचवीं कक्षा की छात्रा से लेकर छोटे से एयरपोर्ट पर तैनात अफसर और ज़ोमैटो के डिलीवरी पार्टनर तक ने यही सवाल पूछा। इतनी विविध परिस्थितियों में इस सवाल का पूछा जाना यूपीएससी संस्था की वैधता बताता है। देश में भले हज़ार चीज़ें निराशाजनक हों लेकिन यह सवाल इस देश के कामयाब गणतंत्र होने की पहचान है। गणतंत्र का मतलब बस यह नहीं है कि देश के राष्ट्रपति पद पर कोई राजा नहीं निर्वाचित व्यक्ति बैठता है बल्कि इसका मतलब ये भी है कि सत्ता के हर पद के लिए आम नागरिक सपना देख सकता है। यह भी कि उस पद पर चयन का रास्ता सभी के लिए खुला है। लोगों को लगता होगा कि यूपीएससी का मुख्य काम देश के कुछ सबसे बेहतर एस्पिरैन्ट्स को पहचानकर उन्हें ऊँचा सरकारी पद देना है, जबकि सच्चाई इससे थोड़ी अलग है। चंद नौकरशाह चुनना ऐसा मुश्किल

काम नहीं है, जिसके लिए एक ऐसा तंत्र खड़ा किया जाए। देश के चंद एलीट संस्थानों– आईआईटी, आईआईएम और कुछ केन्द्रीय विश्वविद्यालयों से ऐसे लोग उठाए जा सकते थे और थोड़ी ट्रेनिंग के बाद बेहतर प्रशासनिक अधिकारी चुने जा सकते थे। दरअसल सबसे अच्छे नौकरशाह चुनना यूपीएससी का प्रमुख काम या जिम्मेदारी नहीं है। उसकी असल जिम्मेदारी इससे कहीं ज़्यादा बड़ी है।

नौकरशाही में A के स्थान पर B का चयन हो जाने से कोई पहाड़ नहीं टूट पड़ेगा– इतनी मगज़मारी के बाद भी जो सिलेक्ट होते हैं उनमें भी सभी योग्य, मेधावी और कार्यकुशल ही होते हों, ऐसा नहीं है। यूपीएससी का गठन एक संस्था के रूप में जिस वजह से किया गया है, जिस वजह से इसे बाकायदा कॉन्सटीव्यूशनल बॉडी बनाया गया है, उसे निकटता से समझने की ज़रूरत है। दरअसल किसका चयन होता है किसका नहीं, ये अहम नहीं है। देश के लिए रिजल्ट नहीं बल्कि परीक्षा अहम है– असल अहमियत प्रक्रिया की है। प्रक्रिया वह चीज़ है, जो इस लोकतंत्र में आम लोगों की आस्था को बनाये रखता है। परीक्षा परिणाम का नहीं बल्कि इस एग्जाम का हर साल होना तथा उसमें लोगों का भरोसा वह चीज़ है, जो इस लोकतंत्र में आम इंसान की आस्था को बनाये रखता है। यही वह चीज़ है, जो स्कूली बच्चों से लेकर सिक्योरिटी गार्ड तक में इस उम्मीद को बचाए रखती है कि यदि वे ठीक से तैयारी करेंगे, उनकी मेहनत और तरीका ठीक होगा तो वे भी एक दिन कलेक्टर या एसपी बन सकते हैं। इस वजह से इस प्रक्रिया में आम जनता का भरोसा बनाये रखना ही यूपीएससी की ज़्यादा बड़ी जिम्मेदारी है– अच्छे नौकरशाहों का चयन तो प्रसंगवश है– हो जाए तो अच्छा, कमतर या औसत का हो गया तो भी कोई आसमान नहीं टूट पड़ेगा। परीक्षा में लोगों का शामिल होना ज़्यादा ज़रूरी चीज़ है, इसी से लोकतंत्र की चयन प्रक्रिया की वैधता बनी रह पाती है।

इसे समझाने के लिए मैं अक्सर विवाह का उदाहरण देता हूँ। आखिर शादी तो दूल्हा-दुल्हन की होनी है, उन्हें ही गृहस्थी बसानी है– कुल जमा दो लोग, फिर सैकड़ों लोग बारात में क्यों शामिल होते हैं। इस बड़ी पार्टी का उद्देश्य भी दरअसल वही है– शादी तो दूल्हा-दुल्हन की ही है, बाराती इस प्रक्रिया में शामिल होते हैं ताकि दूल्हा-दुल्हन के संबंध को, उनके पति-पत्नी होने को सामाजिक वैधता दे सकें। जो उनके शामिल होने से, इस प्रक्रिया को मिलती है। ठीक उसी तरह जो लाखों एस्पिरैन्ट्स यूपीएससी की परीक्षा में शामिल होते हैं उनमें से लगभग सभी बाराती ही होते हैं। चयन तो मुट्ठी भर लोगों का ही होना है लेकिन उस चयन की प्रक्रिया को वैधता इन लाखों लोगों से मिलती है। ये लोग ही उस भरोसे का इश्तिहार हैं, जो भरोसा देश की जनता ने यूपीएससी में ज़ाहिर किया है।

इस परीक्षा की तैयारी कैसे की जाए? इस सवाल के जवाब से पहले एक और सवाल है, जो मैं तब पूछता हूँ जब कोई मुझसे अपनी तैयारी के लिए पूछता है– **आखिर, तैयारी करनी क्यों है?**

सच्चाई ये है कि अधिकतर युवाओं के पास इस सवाल का कोई मौलिक उत्तर नहीं होता। दरअसल यह उनका अपना सवाल होता ही नहीं इसलिए उनके पास इसका कोई अपना उत्तर भी नहीं होता। अधिकांश नहीं जानते कि वे बेगानी शादी में नाचने वाले बाराती बनने के लिए इस दौड़ में शामिल हो रहे हैं। इसका मक़सद बस सेलेक्ट होने वालों के सेलेक्शन को वैधता देना भर है। ये वैधता ही इन सेलेक्टेड ऑफिसर्स को हाकिम के तौर पर स्वीकार्यता भी देती है। इसमें कोई ज़्यादा बुराई भी नहीं होती अगर इसकी इतनी बड़ी कीमत न माँगी जा रही होती। यह मामला कुछ ऐसा है जैसे बाराती को ही शादी में दहेज देना पड़ रहा हो- अपनी ज़िंदगी के सबसे बेहतरीन साल एक ऐसे काम के लिए जिसमें आपकी भूमिका बस सेलेक्ट होने वाले अधिकारियों को बेहतर महसूस करवाना भर हो! कहा जा सकता है कि शामिल होने वाला तो सेलेक्ट होने की उम्मीद से ही इस तंत्र में शामिल होता है। लेकिन केवल

सोशल मीडिया में दिखाए गये रील्स/वीडियोज़ से बने सपने के लिए आप अपनी ज़िंदगी के सबसे अहम साल दे देंगे? इसलिए मैं कहता हूँ कि **तैयारी कैसे करें से ज़्यादा अहम सवाल है कि आप तैयारी क्यों करें?**

चलिए जानते हैं कि यूपीएससी परीक्षा की तैयारी क्यों करनी चाहिए–

पहला चरण, खुद को टटोलें... यूपीएससी की तैयारी क्यों करें ही मौलिक सवाल है न कि 'यूपीएससी की तैयारी क्यों न करें'। समाज और परिवार का रिवाज़ ही ऐसा बनाया गया है कि इस परीक्षा की तैयारी करना लगभग हर भारतीय नवयुवा अपनी नियति मानकर चलता है। आपके पास सुचिन्तित कारण होना चाहिए वरना आप शुरुआत ही बाराती बनने के लिए कर रहे हैं... चूँकि आप इस नदी में इसलिए कूदे कि बस और कोई रास्ता नहीं दिखाई दिया, क्योंकि आपके इर्दगिर्द के बहुत और लोग भी इसमें कूदे थे, क्योंकि यह आपके पिता या परिजनों की इच्छा थी, क्योंकि ये तो करना ही होता है, क्योंकि ये नहीं तो फिर क्या करेंगे। माफ कीजिए इनमें से कोई भी सुचिन्तित कारण नहीं है। किसी भी नियोजित कार्य की ही तरह इस परीक्षा के लिए आपके पास एक प्लान होना चाहिए, जो इस "क्यों" के सच्चे, मौलिक कारण की खोज से शुरू होगा। नकलची मत बनिए, न ही इस परीक्षा को आसान विकल्प के रूप में देखिए– ये आसान नहीं है– भले ही आप अपनी क्लास के टॉपर रहे हों या फिर पहले आईआईटी प्रवेश परीक्षा क्रैक कर चुके हों। यह एक नयी दौड़ है और इसके नियम, इसका ट्रैक अलग है– इसे फिर नये सिरे से शुरू करना होगा। तो अपना मौलिक कारण खोजें, जो आपका अपना कारण हो, पिछले साल के टॉपर का दिया हुआ न हो। ज़रूरी नहीं कि सामाजिक परिवर्तन के, भ्रष्टाचार मिटा देने या गरीबों की मदद करने जैसे महान कारण ही आप भी गिनाएँ... वैसे भी इन पर किसी को यकीन नहीं होता, न सुनने वाले को न कहने वाले को। एक स्टेबल नौकरी की चाह, बेरोज़गारी से आजादी, पहचान की भूख, पावर की चाह आदि वे कारण हैं जिन पर भरोसा करना फिर भी आसान है। जो भी हो पहले कारण

को पहचानें और फिर हिसाब लगायें कि क्या यह कारण इतना दमदार है कि इसके लिए उतना प्रयास किया जाए, जितने की ये पूरा प्रोसेस माँग करता है। सब हिसाब-किताब कर लें और जब ख़ुद को यकीन हो जाए तो योजना बनाने बैठें। बिना योजना के इस परीक्षा में कूदना बिना चप्पू के नाव में बैठने जैसा है।

"क्यों" से निपट लेने के बाद अगला सवाल मुँह बाये खड़ा है- कैसे?

कैसे की जाए यूपीएससी की तैयारी?

एनसीईआरटी की किताबों के बाद क्या? कौन सी कोचिंग– ऑनलाइन या ऑफलाइन? किस शहर से करें तैयारी? कितना पैसा लगेगा और आएगा कहाँ से? मेंटरिंग कैसे मिले? पीजी और हॉस्टल का क्या करना है टिफ़िन और खाने का क्या? ऐसे सौ सवाल हैं जिनके हज़ार उत्तर हैं। आप पर कौन सा जवाब लागू होगा, इसके लिए सबसे पहले ख़ुद को पहचानना होगा– **दुनिया जीतने का युद्ध ख़ुद को जानने से शुरू होता है**। आप ही वह मुख्य वेरिएबल हैं, जो इस समीकरण के बाकी फ़ैक्टर्स को तय करता है। और हाँ, यूपीएससी की परीक्षा केवल सामान्य इम्तिहान भर नहीं है, जो परीक्षा के दिन शुरू होता है और तीन घंटे में निपट जाता है। यह एक पूरा ईकोसिस्टम है, जिसमे एस्पिरैन्ट एक घटक है। जैसे ही आप ख़ुद को तटस्थ और ऑब्जेक्टिव नज़रिये से जान जाते हैं आपको इस ईकोसिस्टम में अपनी भूमिका नज़र आने लगती है और ये भी कि आप कैसे इससे सबसे ज़्यादा हासिल कर सकते हैं। किन चीज़ों पर आपका बस चलेगा और कौन सी ऐसी हैं जिनके मामले में आप बेबस हैं, इसलिए आपको उन्हें छेड़ना नहीं है।

कुल मिलकर आज की प्रतियोगी परीक्षाएँ आपके व्यक्तिगत प्रयासों पर निर्भर नहीं हैं। यानी बंद कमरे में आठ-दस घंटे रोजाना की एकल मेहनत से सफल हो पाना संभव नहीं है। यह अब एक व्यक्ति बनाम परीक्षक का मसला रह ही नहीं गया है। अब एक पूरा तंत्र है जो इन परीक्षाओं के इर्द-गिर्द एक

बाड़ बनाकर खड़ा हो गया है। जो प्रत्याशी इस तंत्र से जुड़ते हैं और फिर इसके तमाम घटकों के बीच के आपसी रिश्ते के तहत ऑपरेट कर पाते हैं, वे ही इसे क्रैक कर पाते हैं। आप समझिए कि यह एक बडा तंत्र है– कोचिंग-मेंटरिंग के इर्द-गिर्द बना हुआ तंत्र। इसमें पाठ्य सामग्री, आवास, लाइब्रेरी, माहौल, साथी, शिक्षक, ऑनलाइन समूह और मेटीरियल आदि शामिल हैं। इनसे हुआ यह है कि प्रतियोगिता का दायरा पूरे देश के छात्रों के स्थान पर सीमित छात्रों के बीच सिमटकर रह गया है। इस पूरे ईकोसिस्टम ने यह हालात बना दी है कि इस विशाल सिस्टम का हिस्सा होना चयन की शर्त बन गयी है। "इस ब्रांड बनाम उस ब्रांड" से ज़्यादा यह बाज़ार की अनिवार्यता का सवाल बन गया है। पिछले बीसेक सालों में यह तंत्र कई मायनों में एक स्वायत्त तंत्र की तरह हो गया है। जैसा कि बायोलॉजिकल ईकोसिस्टम की बाउन्ड्री होती है, इस तंत्र की भी है। यह तंत्र भी अपने लिए डिमांड और सप्लाई दोनों का इन्तज़ाम रखता है। प्रतियोगिता इस तैयारी तंत्र के कारण अब इतनी कठिन हो गई है कि जिसके पास इस तंत्र तक पहुँच नहीं है उसके लिए सफल होना लगभग नामुमकिन है। यद्यपि इस तंत्र का हिस्सा होने से आप केवल इसके सदस्य भर बनते हैं। आपका सफल होना इससे सुनिश्चित नहीं होता। सच्चाई ये है कि यह तंत्र जितना ताकतवर होता जाता है उतना ही उसे ऐसे लोगों की और ज़्यादा ज़रूरत होने लगती है, जो इसमें शामिल हों लेकिन असफल रहें। एक लॉटरी उद्योग की तरह जितने ज़्यादा लोग लॉटरी टिकट खरीदेंगे उतना ही यह उद्योग बढ़ेगा। किन्तु जैसा पहले कहा, प्रत्याशी को केवल उन्हीं चीज़ों की चिंता करने पर अपना दिमाग लगाना चाहिए जिन पर उसका नियंत्रण हो– इस तंत्र की मशीनरी ऐसी चीज़ नहीं है। बस इस ईकोसिस्टम को जानिए और उन घटकों को पहचानिए जो आपके पक्ष में हैं। इसके जो घटक आपके फ़ेवर में नहीं हैं, उनके प्रभाव को न्यूनतम करने की कोशिश कीजिए और परीक्षा में अपना प्रयास कीजिए। फिलहाल आप इस सिस्टम के नियमों की बदलने की कोशिश का दंभ न पालें तो यह आपके हित में ही रहेगा।

यहाँ हम जो बातें कर रहे हैं वो बहुत सरल हैं– बात ये है कि इन परीक्षाओं में आपका चयन इस सिस्टम की बाउन्ड्री के तहत है तथा आपस में उलझे एक ईकोसिस्टम से संचालित है। अतः उसमें सफल होने का तरीका भी इस सिस्टम को जानकर ख़ुद इस सिस्टम के घटकों और उनके प्रभावों का पूरा लाभ उठाकर ही संभव है, वह भी **सिस्टमेटिक एप्रोच** से। जब आप इस सिस्टम को जानना शुरू करते हैं तो समझ आता है कि कोचिंग या विषय की सामग्री इस सिस्टम का एक हिस्सा भर है। पूरा सिस्टम और भी बहुत से घटकों से बना है। जो ग़लती नये एस्पिरैन्ट्स करते हैं, वह होती है सिस्टम को समझकर उसमें अपनी हस्ती के अनुसार चलने की बजाय उससे अकारण लड़ने में बहुत सी ऊर्जा और वक्त खपाना। दो-तीन अटैम्प्ट्स लगाने के बाद, ढेर से संसाधन और समय खर्च हो जाने के बाद यह समझ आता है लेकिन तब तक फेलियर का प्रेशर बढ़ चुका होता है। इसीलिए पहले पूरे सिस्टम को समझें– सिर्फ सिलेबस और मटेरियल नहीं– सिस्टम के बाकी अंग भी, जैसे लाइब्रेरी, टिफिन, कमरा और दोस्त– शुरुआत में इन सबको समझने में पद्रह दिन लगा भी दिया जाए तो कोई नुकसान नहीं है लेकिन बिना पूरे तंत्र को समझे कूदना उचित नहीं है।

मैं दो श्रेणियाँ बनाता हूँ– एक है प्रीविलेज्ड की और दूसरी है डेप्रिवेशन (अभाव) की। यूँ ये दोनों दो कम्पार्टमेंट नहीं हैं बल्कि चरण हैं, यानी प्रतिशत का मामला है। मसलन आप सम्पन्न मध्यवर्गीय परिवार से आ रहे हैं, जो हर महीने बीस हज़ार या ज़्यादा भेजेगा ही। पुरुष हैं, शिक्षित परिवार से आते हैं, अंग्रेज़ी माध्यम से पढ़े हैं, आपको जाति और धर्म के लिहाज़ से भी कोई भेदभाव नहीं झेलना पड़ता तो स्वाभाविक है आपके प्रीविलेज वाला हिस्सा ज़्यादा है। ऐसा नहीं है कि इससे आपका चयन निश्चित हो जाएगा लेकिन आपकी कुछ लड़ाइयाँ कम हो जाएंगी।

अगर आप प्रिविलेज वाली श्रेणी से हैं तो इस सिस्टम में आपको अपनी उर्जा अकारण पैसे बचाने, संसाधन जुटाने पर लगाने की बजाय पढ़ाई पर लगानी चाहिए। अपने इर्द गिर्द उस किस्म का समूह जुटाने पर ताकत लगानी चाहिए, जो आपको सीखने और सफल होने में मदद की स्थितियाँ पैदा करे। अपने ज़िले और गाँव के ठीक अपने जैसे लोगों के समूह में होना आपको कम्फर्ट ज़ोन दे सकता है लेकिन परीक्षा में मदद करने से ज़्यादा, उलझन, बंधन और भटकाव ही अधिक देगा। **पढ़ाई वाले समूह में विविधता लाएँ, वह ज़्यादा लाभकारी होगा।**

अब तीसरा सवाल- **तैयारी कब शुरू कर दें या कब बंद कर दें?** इसी किस्म का सवाल ये भी हैं कि कितना पढ़ें। जब आप पहले "क्यों" का उत्तर दे रहे होंगे तब से ही इसका जवाब मिलना शुरू हो जाएगा– ख़ुद को जानेंगे तो आपको पता चल ही जाएगा कि प्रीविलेज और डेप्रिवेशन की मेट्रिक्स में आप कितने पानी में हैं। जितना मैंने इस परीक्षा को पिछले पच्चीस साल में समझा है उस आधार पर कह सकता हूँ अपना और समाज का सबसे ज़्यादा नुकसान वे लोग करते हैं, जो इन परीक्षाओं को ज़िंदगी से बड़ा मान लेते हैं। ऐसे लोग स्कूली बच्चों तक को इसकी तैयारी में झोंक देते हैं। कॉलेज की पढ़ाई और गतिविधियों से बचकर प्रतियोगी परीक्षाओं के सिलेबस में सर खपाना अच्छा चुनाव नहीं है। **ज़िंदगी जीने को स्थगित करना ख़ुद परीक्षा के लिए भी एक बुरी रणनीति है**- कॉलेज के तीन साल पूरी शिद्दत से कॉलेज की पढ़ाई और गतिविधियों में हिस्सेदारी करनी चाहिए– कम से कम एक स्टेज की गतिविधियों जैसे वाद विवाद, थियेटर, गायन आदि। कोई एक टीम वाली गतिविधि- खेल आयोजन, क्लब, कॉलेज फेस्टिवल आयोजन की समिति आदि में हिस्सेदारी तो करनी ही चाहिए। अगर आपको ऐसा मौका नहीं मिला है तो इसे अपने डेप्रिवेशन वाले खाते में दर्ज कर लीजिए और सोचिए कि इसकी भरपाई कैसे करेंगे। इसी तरह ये भी मानकर चलिए,

इन परीक्षाओं की तैयारी एक लंबी दूरी की दौड़ है इसलिए संतुलन बनाकर तैयारी करने की रणनीति रखें। वास्तविक पढ़ाई के लिए आठ घंटे काफी होने चाहिए बाकी समय सामग्री जुटाने, बातचीत, व्यायाम, मानसिक स्वास्थ्य की देखभाल, सामाजिक क्रियाकलाप आदि के लिए रखें। इस रूटीन के लिए अठारह से चौबीस महीने का समय रखा जाए। वैसे ये सब औसत के स्तर पर कहा जा रहा है। चूँकि हर व्यक्ति भिन्न है अतः ये हिसाब भी हर किसी का अलग ही होगा, अलबत्ता मूल सिद्धांत है- **तैयारी में संतुलन बनाये रखें।**

तैयारी शुरू करने से पहले एक बार ध्यान से सोच लें-
क्या आप सच में यही करना चाहते हैं!

अध्याय - 3

सिविल सर्विसेज़ ही क्यों

कहाँ से आयीं ये सर्विसेज़? जिन लोगों ने इतिहास पढ़ा है वे जानते होंगे कि ये अंग्रेजों द्वारा लागू की गयी सर्विसेज़ हैं। आप जानते हैं कि हम ब्रिटेन की कॉलोनी थे। जब ब्रिटिश आये तो उन्होंने देखा कि यहाँ शासन की सबसे निचली इकाई ज़िला है इसलिए उन्होंने ज़िले बनाये और वहाँ अपना एक प्रतिनिधि, ज़िले का मालिक, बैठा दिया। वह क्या करता था? वह रेवेन्यू कलेक्ट करता था। इसलिए उसे कलेक्टर कहा गया। इसके बाद देश आज़ाद हो गया। लेकिन हमने इस कॉलोनियल विरासत को जारी रखा। पहले यह आईसीएस था, अब इसे आईएएस कहते हैं। कॉलोनियल टाइम से गाँव और कस्बों के लोगों के लिए ज़िले में एक ही आदमी सबसे ताक़तवर था और वह था कलेक्टर। आपको समझना होगा कि जब आपके घर में कोई कहता है कि तुम्हें कलेक्टर बनना है, तो यह बात सदियों की औपनिवेशिक विरासत से जुड़ी है। उस समय यह ज़िले में गवर्नमेंट का मोस्ट पॉवरफुल रिप्रेजेंटेटिव समझा जाता था। जब कोई कलेक्टर को ऐसे देखता है जैसे वह मालिक हो और बाकी लोग प्रजा, तो इसका कारण इस कॉलोनियल साइकोलॉजी में ही है।

जब लोग मेरे पास आते हैं और कहते हैं कि मैं कैसे तैयारी करूँ कि जल्दी से जल्दी आईएएस बन जाऊँ, तो मैं कहता हूँ कि थोड़ा ठहर जाओ। भले मानस थोड़ा यहीं रुक जाओ और सोच लो कि तुम आईएएस बनना ही क्यों चाहते हो? इसपर सामान्यतः लोगों के पास कोई जवाब नहीं होता। और लोग जो जवाब देते हैं, वे ज़्यादातर हास्यास्पद होते हैं। लोग कहते हैं कि सर मैं बचपन से ही आईएएस बनना चाहता था! अब आप सोचिए कि बचपन में कोई यह बोरिंग-सा काम करने की क्यों सोचेगा! आईएएस रोज़ ऑफ़िस जाकर एक ही टेबल के पीछे बैठता है। दिन भर फाइलों में सर खपाता है और शाम को थका हुआ घर लौटता है। इतना बोरिंग-सा काम करना कोई बच्चा क्यों चाहेगा। यह बात मैं यों ही नहीं कह रहा। भारत के प्रमुख अर्थशास्त्री और ब्यूरोक्रेट संजीव सान्याल कहते हैं कि सिविल सर्विसेज़ के लोगों की ज़िंदगी सामान्यतः बहुत बोरिंग और डल होती है। अधिकतर वो फाइलों को ऊपर-नीचे करते ज़िंदगी बिता देते हैं। वह कहते हैं कि **यह आकांक्षाओं की दरिद्रता का परिचायक है**। तो, कोई बच्चा घरौंदे बनाने, तितलियों के साथ खेलने, बैडमिंटन खेलने के सपनों वाली उम्र में रोज़ ऑफ़िस जाकर फ़ाइलों में सर मारने का सपना क्यों देखेगा। वह शानदार किताबें पढ़ने और परियों की दुनिया में गुम होगा, यूपीएससी क्लियर करने के बारे में क्यों सोचेगा!

बचपन से मन था वाली बात झूठ है। यह आपका मन नहीं था। लेकिन अगर आपका मन नहीं तो किसका मन था? ऐसा पिता जी का मन था। क्योंकि उनके दोस्त शर्मा जी का बेटा आईएएस बन गया था। ऐसे में उन्हें लगता था कि जब शर्मा जी का बेटा बन सकता है तो मेरा बेटा क्यों नहीं! वह तो पढ़ने में और भी अच्छा है। फिर पिता कहते हैं कि 'मेरा बेटा आईएएस बनेगा'। और आप कहते हैं, 'हाँ पापा बनूँगा'। फिर आप इसे इतनी बार दोहराते हैं कि आपको लगने लगता है कि बचपन से यही चाहते थे। चार साल का बच्चा अगर दो का पहाड़ा सुना लेता है तो माँ-बाप कहना शुरू करते हैं कि बच्चा कलेक्टर बनेगा। यह सामाजिक सपनों में एकरूपता की प्रक्रिया है। और इसपर ध्यान देना चाहिए कि जब आप सामाजिक सपनों में इस तरह की एकरूपता पैदा करते हैं तो उसका सबसे बड़ा शिकार समाज का निचला तबका होता है।

मैं यह नहीं कह रहा कि ये जॉब ख़राब है। इसके उलट मैं कहूँगा कि यह शानदार है। दिस इज़ वंडरफुल जॉब। मैं बस यह कह रहा हूँ कि तैयारी शुरू करने से पहले एक बार तटस्थ मन से सोच लें कि क्या आप सच में यही चाहते हैं। क्योंकि अगर यह फ़ैसला आपका नहीं होगा तो आपके दिल में इसका सपना बहुत दिन तक टिकने वाला नहीं है। आपके पास कोई ठोस कारण होना चाहिए कि आप सिविल सर्वेन्ट क्यों बनना चाहते हैं? यह सबसे पहला सवाल है, जो आपको ख़ुद से पूछना चाहिए। और अगर आप यूपी, बिहार और राजस्थान जैसे फ्यूडल स्टेट्स से आते हैं तो ज़्यादा स्पष्टता से आपको यह पूछना चाहिए– क्यों बनना चाहते हैं सिविल सर्वेन्ट? क्योंकि सामान्यतः यह लोगों का स्वतंत्र चुनाव नहीं होता। चूँकि आप रेपुटेशन पाना चाहते हैं, आप किसी चाचा, ताऊ या नाना को दिखा देना चाहते हैं। अगर आप इसीलिए यह करने वाले हैं, तो यह मत कीजिए। आप यूपीएससी की परीक्षा में बैठना चाहते हैं, जो आप से वस्तुनिष्ठता से सोचने-विचारने की माँग करता है, तो आपके लिए यह सबसे पहला कदम है कि इस दिशा में जाने को लेकर भी आप में स्पष्टता हो। हर तरह से अपने मन को परखने के बाद अगर आपको लगता है कि आप असल में यही चाहते हैं और यह आपकी स्वतंत्र इच्छा है तो आप ज़रूर आगे बढ़ें। क्योंकि इसमें कोई संदेह नहीं कि आज भी इस देश में सिविल सर्विसेज़ सबसे अच्छी सरकारी सर्विस हैं।

आने वाले कल का DAF फ़ॉर्म

जब आप मेन्स एग्ज़ाम पास कर लेते हैं तो आपको इंटरव्यू के लिए 'डिटेल एप्लीकेशन फ़ॉर्म' भरना होता है। इसमें आपका बर्थप्लेस, डेट ऑफ बर्थ, पिता का व्यवसाय, आपकी स्कूलिंग, एक तरह से आपकी पूरी लाइफ़ जर्नी होती है। इसमें आपके सारे जीवन का लेखा–जोखा होता है। मसलन यही कि आपने स्कूली जीवन में क्या-क्या किया था। आप क्लास में मॉनीटर थे। आप कबड्डी टीम के कैप्टन थे... इसके सामने स्पेस दिया होता है, जिसे कॉलम 7 कहते हैं: **7a...7b...7c...7d...**

इन कॉलम्स में आप फिल करते हैं कि आपने क्या-क्या किया। आखिर इतने डिटेल में पूछने का उद्देश्य क्या हो सकता है? वह इसलिए कि सिर्फ़ आपका मेन्स पास कर लेना ही यूपीएससी के लिए पर्याप्त नहीं है। यूपीएससी आपकी पूरी पर्सनैलिटी के बारे में जानना चाहता है। आपको सिविल सर्विसेज़ में चुने जाने पर जो जिम्मेदारियाँ मिलती हैं, वो आप सिर्फ अपनी जानकारियों के आधार पर नहीं निभा सकते। उसमें आपकी स्कूलिंग, हॉबीज़, अदर एक्टिविटीज़, जीवन और समाज का एक्सपोज़र बहुत मायने रखता है। अगर आप स्कूल या कॉलेज के दौरान किसी टीम के कैप्टन रहे हैं तो इससे पता चलता है कि आप एक टीम लीडर हैं और अपने साथ काम करने वाले लोगों को सही दिशा में लगा सकते हैं। अपने स्कूल-कॉलेज में डिबेटिंग सोसाइटी से जुड़े रहे हैं तो इसका मतलब है कि आप अपनी बात लॉजिकल ढंग से समझा सकते हैं और लोगों को कनविन्स कर सकते हैं। अगर आपके पास किसी एनजीओ के साथ काम करने का अनुभव है तो आप समाज-कल्याण की वास्तविक स्थितियों को समझते होंगे। आपके डैफ़ में ऐसी बहुत सी चीज़ें होती हैं, जिससे आपकी पर्सनैलिटी के बहुत सारे गुणों का अनुमान लगाया जा सकता है। अतः इन चीज़ों पर भी आपका सिलेक्शन निर्भर करेगा।

ये वे बातें हैं, जिनके बारे में आपने अपने डैफ़ में लिखा है। लेकिन आपने जीवन में क्या-क्या किया है, इससे आपकी पर्सनैलिटी पर बहुत असर पड़ता है। यह सब बिना आपके डैफ़ में लिखे भी झलकेगा। आपके आत्मविश्वास, समाज व संस्कृति की समझ और गहराई पर इसका असर दिखाई देगा। इसलिए सिर्फ़ किताबें नहीं, अपने आस-पास की दुनिया भी देखें, उसकी शासनिक-प्रशासनिक दिक्कतों को समझें, उसके समाधानों और हो रही कोशिशों के बारे में भी जानें। इससे आपके पढ़ने को न सिर्फ़ ठोस आधार मिलेगा बल्कि चीज़ों को रटने की ज़रूरत कम हो जाएगी। इससे आपके आसपास की चीज़ें ही खुली किताब में बदल जाएंगी। फिर धीरे-धीरे आपकी सोच-समझ और अभिव्यक्ति में यह झलकने लगेगा। इसलिए नाक की सीध में देखने के साथ अपने आसपास भी देखिए।

चलिए एक एक्सरसाइज़ करते हैं। अगर आप विद्यार्थी हैं तो अपने स्कूल और कॉलेज के बारे में सोचिए। अगर आप अपने शहर के सबसे बेहतर संस्थान में हैं तो उनके बारे में सोचें जो सुदूर ग्रामीण स्कूलों में पढ़ रहे हैं, जहाँ अनिवार्य सुविधाएँ भी नहीं हैं। अगर आप ऐसे ही किसी ग्रामीण स्कूल में हों तो देश के सबसे प्रतिष्ठित स्कूलों के बारे में सोचें, जहाँ सारी सुविधाएँ हैं। आप सोचें कि यह गैप क्यों है और इन दो तरह के स्कूलों से निकलने वाले विद्यार्थियों को एक दौड़ में लगा देना, न्याय कैसे होगा? ऐसे ही आप जेंडर के संदर्भ में सोचें या फिर कास्ट के बारे में।

जबलपुर के पास एक फॉसिल म्यूजियम है। फॉसिल समझते हैं आप? नहीं! तो पहले यही पता करें, इस अध्याय में यह आपकी दूसरी एक्सरसाइज़ है। खैर, वहाँ मैंने कुछ वृक्षों के फॉसिल देखे। उन्हें देखकर बताया जा सकता है कि आज से लाखों वर्ष पहले के ये पेड़ कितने वर्ष तक जिंदा रहे होंगे। ऐसा कैसे होगा? ट्री-रिंग से, उसके तने में पड़ने वाले वलय से। और न सिर्फ़ उसके जीवन काल के बारे में बल्कि उसके जीवन के किस वर्ष में कैसी बारिश हुई या कैसा सूखा पड़ा, यह सब उसी ट्री रिंग में दर्ज होता है। मैं इसके ज़रिए बस यह कहना चाहता हूँ कि आपके परिवेश, समाज और स्कूलिंग का बहुत गहरा असर आपके सोच-समझ और व्यक्तित्व पर पड़ता है। आप जिसे अपना विचार, अपना अनुभव और अपनी धारणाएँ बना लेते हैं, वो इसी से पैदा होते हैं। और यह समझना इसलिए ज़रूरी है ताकि आप अपनी धारणाओं और व्यक्तित्व के तमाम पहलुओं को समझ सकें और अगर ज़रूरी हो तो उन्हें स्वयं ही बदल सकें। यह आपको उदारवादी और संवेदनशील बनायेगा। यह बात अनचाहे ही आपके व्यक्तित्व का हिस्सा बन जाएगी। यह न सिर्फ़ इंटरव्यू में आपकी मदद करेगा बल्कि मेन्स में आन्सर राइटिंग के लिए भी कारगर होगा। इसका स्वास्थ्य, एक्सपोज़र और पर्सनैलिटी पर गहरा असर पड़ता है। ये सारी बातें, जिन्हें आप सामान्यतः गैर-ज़रूरी समझते हैं, वह यूपीएससी के लिए बेहद ज़रूरी हैं।

यह केवल आपके नॉलेज का नहीं,
यह आपके धैर्य, निरन्तरता, सहनशीलता और
मुकम्मल व्यक्तित्व का टेस्ट है।

अध्याय - 4

दुनिया का सबसे मुश्किल एग्ज़ाम क्यों

लगातार यह बात कही जाती है कि यूपीएससी दुनिया का सबसे मुश्किल एग्ज़ाम है। ज़रा इस बात को समझें कि इस टैग से क्या फ़र्क पड़ता है। और क्या वास्तव में यूपीएससी दुनिया का सबसे मुश्किल एग्ज़ाम है? क्या यह परीक्षा वास्तव में दुनिया में सबसे कठिन परीक्षा है? ज़ाहिर है, अगर ऐसा है तो इसका तैयारी पर फ़र्क पड़ेगा। क्योंकि जब आपको किसी परीक्षा के बारे में पहले से बता दिया जाए कि यह दुनिया की सबसे मुश्किल परीक्षा है तो आपकी तैयारी पर इसके सबसे मुश्किल होने के टैग का स्वाभाविक रूप से असर पड़ता है। अगर यूपीएससी टफेस्ट एग्ज़ामिनेशन है तो क्यों?

असल में यह एक इंटरेस्टिंग फैक्ट है कि हर साल लगभग 10 लाख ग्रेजुएट्स इस एग्ज़ाम में शामिल होते हैं। यह ग्रेजुएट्स का रिक्रूटमेंट एग्ज़ामिनेशन है। अप्लाई करने वाले इन 10 लाख लोगों में से 800 या ज़्यादा से ज़्यादा 1000 लोग सिलेक्ट होते हैं। तो सिलेक्शन रेट 0.1% हुआ। उदाहरण के लिए अगर इसे हार्वर्ड यूनिवर्सिटी के एक्सेप्टेंस रेट से कंपेयर करें तो वह 5% है। इसका मतलब है कि यह यूपीएससी से काफी

ज़्यादा है। इसका मतलब है कि इस बात की संभावनाएँ ज़्यादा हैं कि आप हार्वर्ड में सेलेक्ट हो जाएंगे बनिस्बत इसके कि आप यूपीएससी में सिलेक्ट हो जाएं। तो, इसके सबसे मुश्किल एग्ज़ाम समझे जाने की एक वजह तो यह सांख्यिकी है।

दूसरी वजह इसका सिलेबस है। इसका सिलेबस बहुत बड़ा और विविध है। किसी एक विषय की जानकारी से आपका काम नहीं चलने वाला, आपको अनगिनत तरह की चीज़ें जाननी हैं। मसलन अगर आप डॉक्टरी की परीक्षा की बात करें तो आपसे सिर्फ़ उससे संबंधित सवाल पूछे जाएंगे लेकिन यूपीएससी की परीक्षा में आपसे सब कुछ पूछ लिया जाता है। आपको हिस्ट्री की जानकारी होनी चाहिए, भूगोल की जानकारी चाहिए, वर्ल्ड पॉलिटिक्स, इकोनॉमिक्स, एथिक्स, एनवायरमेंट आना चाहिए, आपको डिजास्टर मैनेजमेंट आना चाहिए। सिर्फ़ यही नहीं, इस किस्म की कई सारी चीज़ें आपको आनी चाहिए। इसका मतलब है कि यूपीएससी आपसे बहुत सारे विषयों की जानकारी की अपेक्षा रखती है। इस वजह से भी इसे एक मुश्किल परीक्षा माना जाता है।

तीसरी वजह यह है कि परीक्षा की पूरी प्रक्रिया बहुत लंबी है। आमतौर पर दूसरी परीक्षाएँ एक या दो दिन चलती हैं। लेकिन इस परीक्षा की प्रक्रिया पूरे साल चलती है। यह तीन स्टेज का चैलेंज है। आप पहले स्क्रीनिंग के लिए प्रिलिम्स में जाएंगे। प्रिलिम्स में बहुविकल्पीय प्रश्न होते हैं। इसके बाद आपको लिखित परीक्षा के लिए मेन्स देना पड़ेगा। और फाइनली आपको एक पर्सनैलिटी टेस्ट भी देना पड़ेगा। उसी तरह से अगर आप देखें तो मेन्स एग्ज़ामिनेशन किसी एक विषय का एग्ज़ामिनेशन नहीं है। आपको लगभग नौ अलग-अलग पेपर देने होंगे और यह सब पूरे सप्ताह चलेगा। इस सब में पूरा साल लग जाता है। इस सब के बाद भी, आपको कौन-सी नौकरी मिलेगी, यह आपके रैंक पर निर्भर करता है। तो, ये जो तीन स्टेज की लंबी

प्रक्रिया है, यह भी इस परीक्षा को बहुत मुश्किल बनाती है। बाकी जिन मुश्किल परीक्षाओं को आप जानते हैं, वे ज़्यादातर एंट्रेंस एग्ज़ामिनेशन हैं। यह उससे अलग ग्रेजुएट लोगों का रिक्रूटमेंट एग्ज़ामिनेशन है। इस सब के अलावा एक और चीज़ है जो इसे बाकी एग्ज़ाम से अलग बनाती है और वह यह है—

यूपीएससी व्यक्ति नहीं व्यक्तित्व देखता है।

सिविल सर्वेंट को ढूँढने की यह प्रक्रिया औपनिवेशिक समय से चली आ रही है, जिसके चलते मान लिया जाता है कि लोगों में सर्टेन ट्रेट्स या कुछ ख़ासियतें होती हैं। इसलिए यह परीक्षा उन ट्रेट्स या ख़ासियतों को खोजने की प्रक्रिया है। इसलिए यह एक तरह का कैरेक्टर टेस्ट भी है। यूपीएससी यह देखना चाहता है कि अलग-अलग सिचुएशन में आप कैसे व्यवहार करेंगे। यह जानने के लिए इंटरव्यू के दौरान आपको उकसाने वाले सवाल पूछे जाएंगे। इससे वे जानना चाहते हैं कि एक पब्लिक सर्वेन्ट के बतौर आप किन सिचुएशंस को कैसे हैंडल करेंगे। यूपीएससी यह भी जानना चाहता है कि आप सरकार की पॉलिसीज़ को कैसे एनालाइज करते हैं।

अब आप समझ रहे होंगे कि यह वाकई मुश्किल है। लेकिन अगर दुनिया की बाकी मुश्किल परीक्षाओं से इसके अंतर के बारे में आप जानें तो आपकी समझ और ठोस होगी। जैसे अगर यह देखा जाए कि किस परीक्षा में सबसे ज़्यादा लोग शामिल होते हैं तो यह चीन का कॉलेज एंट्रेंस एग्ज़ामिनेशन है। इसे वहाँ 'गावो काओ' कहा जाता है। उसमें हर साल एक करोड़ से ज़्यादा विद्यार्थी शामिल होते हैं। विद्यार्थी इस उम्मीद से शामिल होते हैं कि उन्हें अलग-अलग विश्वविद्यालयों में एडमिशन मिलेगा। कुल मिलाकर सीटों की संख्या 50000 से 60000 के लगभग बनती है। इसका मतलब यह हुआ कि लगभग लगभग 1 सीट पर 260 लोग दावेदार होते हैं । यानी 260 लोगों पर एक व्यक्ति का चयन होगा। यह आंकड़ा लगभग-लगभग

0.003%–0.004% के आसपास पहुँचेगा। इसका मतलब यह एन्ट्रेंस एग्ज़ामिनेशन आँकड़ों की नज़र से वाकई मुश्किल एग्ज़ामिनेशन है। यह दो-तीन दिन तक चलता है, जिसमें विद्यार्थी 9 घंटे तक इंटेंस टेस्ट फेस करते हैं। चीन का यह 'गावो काओ' यूपीएससी से कुछ-कुछ मिलता-जुलता है। गाव काव में टाइम मैनेजमेंट और याददाश्त पर थोड़ा ज़्यादा फोकस होता है। यूपीएससी में कॉन्सेप्ट की क्लेरिटी और एडेप्टेबिलिटी ज़्यादा मायने रखती है।

अगर ऑक्सफोर्ड यूनिवर्सिटी के एन्ट्रेंस टेस्ट की बात करें तो वहाँ यह सफलता दर 8 % के आसपास है। लेकिन यह यूपीएससी से थोड़ा-सा अलग है। क्योंकि ऑक्सफोर्ड में पूरा फोकस एकेडमिक चीज़ पर है। ज़ाहिर है वहाँ तो आप ज्ञान और रिसर्च के लिए जा रहे हैं। इसी तरह सीएफए एग्ज़ामिनेशन की बात अक्सर की जाती है। सीएफए एग्ज़ामिनेशन फाइनेंशियल नॉलेज की परीक्षा है। यहाँ सफलता दर 10% के करीब है। मतलब कि दस में से एक का सिलेक्शन हो जाता है। यह सिलेक्शन बहुत आसान तो नहीं है लेकिन फिर भी आँकड़ों के हिसाब से यूपीएससी से आसान है।

इन उदाहरणों से आप यह समझ चुके होंगे कि यूपीएससी निश्चित तौर पर मुश्किल परीक्षाओं में से एक है। लेकिन इन आँकड़ों से ज़्यादा दूसरी चीज़ें हैं, जो इसकी मुश्किलों को बढ़ाती हैं। वह चीज़ है प्रतियोगियों पर सामाजिक और मानसिक दबाब। क्योंकि समाज में ये मनोभाव गढ़ दिया गया है कि यह आपको रंक से राजा बना सकता है। 'फ्रॉम नथिंग टू समथिंग' बना सकता है। इस वजह से यह केवल आपके नॉलेज का टेस्ट नहीं है, यह आपके धैर्य, निरन्तरता, सहनशीलता और मुकम्मल व्यक्तित्व का टेस्ट बन जाता है। यों समझें कि इसमें सिर्फ़ आप नहीं आपके दोस्त, आपका परिवार, सब मिलकर आपके लिए यूपीएससी एग्ज़ामिनेशन में शामिल होते हैं। बहुत स्ट्रेस और एँजाइटी से भरे हुए आप सालों तक इसकी तैयारी करते हैं।

कुल मिलाकर यह मानना निराधार नहीं है कि यूपीएससी की परीक्षा बहुत मुश्किल परीक्षा है। फिर सवाल यह उठता है कि अगर यह सबसे मुश्किल परीक्षा है तो फिर आपकी तैयारी पर इस तथ्य का क्या असर होना चाहिए। इस अध्याय में आपको समझ में आ गया होगा कि ये केवल एकेडमिक्स और जानकारियों का ही मामला नहीं है। ये आपकी मेंटल स्ट्रेंथ और आपकी सोशल कैपिटल को देखने का भी मामला है, आपके प्रिविलेजेज़ को देखने का है कमजोरियों को पहचानने का भी है।

भाग-दो

तैयारी

- भटकाव से बचना
- लर्निंग 2.0
- प्लानिंग
- माइंड मैपिंग: रटने से आज़ादी
- आदतों का ट्वेंटी सेकेंड रूल
- मोटिवेशन का MAGIC
- कंपेरिजन एंग्ज़ाइटी से बचें
- कम्फ़र्ट ज़ोन को तोड़ें
- बोरियत को समझें
- कॉमन सेंस का इस्तेमाल करें

डिस्ट्रैक्शंस का होना स्वाभाविक है,
सवाल यह है कि इन्हें हैंडल कैसे किया जाए।

अध्याय - 1

भटकाव से बचना

कई विद्यार्थियों से यह पूछने पर कि पिछली बार आपका सिलेक्शन क्यों नहीं हो पाया, वे अक्सर रिलेशनशिप को इसका कारण बताते हैं। वे कहते हैं कि रिलेशनशिप की जटिलताओं के चलते पिछली बार पढ़ नहीं पाये। इस अध्याय में और बहुत से भटकावों के साथ मैं इस विषय पर भी बात करूँगा। लेकिन उससे पहले बता देना चाहता हूँ कि मैं कोई रिलेशनशिप कोच नहीं हूँ। आपकी उम्र में यह आकर्षण स्वाभाविक और आसानी से समझ में आने वाली बात है। पर मेरा प्रश्न है कि डिस्ट्रैक्शन में आपको यही चीज़ क्यों नज़र आती है? इस अध्याय में हम आपके संभावित डिस्ट्रैक्शन पर बात करेंगे। 20 साल तक अपने विद्यार्थियों और यूपीएससी एसपिरेंट्स से बातचीत करने के बाद जो डिस्ट्रैक्शन मैंने महसूस किये हैं, उसकी चर्चा करूँगा।

मुझे लगता है कि इस विषय को ऑब्जेक्टिवली समझना भी इससे बचने का एक तरीका हो सकता है। ख़ास तौर से उन विद्यार्थियों के लिए जो अभी अपनी तैयारी के शुरुआती चरण में हैं और घर से ही तैयारी कर रहे हैं। या अभी हाल ही में दिल्ली या किसी बड़े शहर में रहकर तैयारी करने के लिए वहाँ पहुँचे हैं। तो इस बातचीत की शुरुआत में ही बताना ज़रूरी है डिस्ट्रैक्शन स्वाभाविक है। सवाल यह है कि इन्हें हैंडल कैसे किया जाए। बल्कि कैसे

हैंडल करने की बात भी बाद में आएगी। उससे पहले यह पहचान लें कि आपके डिस्ट्रैक्शन असल में हैं क्या।

सहजता से कुशलता: जब कोई मोटिवेशनल स्पीकर स्टेज पर खड़ा होता है तो उसे महफिल लूटनी होती है। वो कहेगा कि यह तपस्या है। इस आग में झोंक दो ख़ुद को। इस तरह की बातों से आप क्षण भर के लिए उत्साहित ज़रूर हो सकते हैं, लेकिन किसी और द्वारा दिया गया उत्साह बहुत देर तक टिकता नहीं है। इसका अनुभव आपको होगा। किसी चीज़ की ऐसी भावुक और एकांगी समझ न आपकी तैयारी के लिए बेहतर है न आपके व्यक्तित्व के लिए। इसकी अपेक्षा जब आप अपनी स्थितियों और ज़रूरतों का विश्लेषण करके किसी निर्णय पर पहुँचते हैं तो यह आपका चुनाव होने के नाते आपको मज़बूत, स्वायत्त और स्थिर बनाता है। इस सहजता से व्यक्ति की कार्य-कुशलता या एफीशियंसी बढ़ती है। बहुत से विद्यार्थी, जिन्हें लोग आवारा कहते हैं, वो अक्सर सफल हो जाते हैं। ऐसा क्यों होता है? इसका कारण है कि तैयारी को तपस्या समझकर आप अपनी ऊर्जा का बहुत बड़ा हिस्सा नकारात्मक लड़ाईयों में खर्च करते हैं। जबकि उस आवारा-से लगने वाले विद्यार्थी के लिए यह संघर्ष का कोई मुद्दा ही नहीं होता। वह जीवन के प्रति सहज होता है और सब कुछ के साथ अपने उद्देश्य पर उसी शिद्दत से फ़ोकस कर पाता है। आपकी बहुत सारी ऊर्जा यह नहीं करना वह नहीं करना से लड़ने में लगती है इसलिए आपकी कुशलता कम हो जाती है।

सोशल मीडिया: आप शायद इस बात का विश्वास न करें लेकिन जब आप अपने फ़ोन में सोशल मीडिया की टाइमिंग देखेंगे तो आपको यह सोचनीय लगेगा। सोशल मीडिया जिस पैमाने पर आपसे समय माँग रहा है और समय से भी ज़्यादा आपसे अटेंशन माँग रहा है, यह एक नयी परिघटना है। फेसबुक, इंस्टाग्राम, ट्विटर और अन्य सोशल मीडिया प्लेटफ़ॉर्म आपकी काफी ऊर्जा को सोख लेते हैं। यह सिर्फ़ समय के लिहाज़ से कही जाने वाली बात नहीं है। इसका प्रभाव इससे कहीं गहरा है। सोशल मीडिया आपके अटेंशन स्पैन को कम कर रहा है। आप अगर ध्यान दें तो सोशल मीडिया

पर आप लॉन्ग वीडियोज़ कम देख रहे होते हैं। आप देख रहे होते हैं रील्स और शॉट्स। जिनका अटेंशन टाइम एक मिनट या 90 सेकंड है। इस कारण सूचनाओं और तर्कों को पचाने की आपकी क्षमता लगातार कम होती जा रही है। जबकि आपको किसी कॉन्सेप्ट को समझने के लिए कम से कम अपनी अटेंशन टाइमिंग 10 मिनट, 15 मिनट की या एक घंटे की चाहिए होती है। लेकिन आपको उसमें चुनौती महसूस होने लगती है। तो दो तरीके से सोशल मीडिया एक बड़ी डिस्ट्रैक्शन है। पहले तो यह आपका समय ले रहा है। वह भी गैर-आनुपातिक यानी कि जितना लाभ हो रहा है उससे ज़्यादा समय ले रहा है। और दूसरा, यह आपकी अटेंशन स्पैन या एकाग्रता के समय को कम कर रहा है, जिससे आपकी पढ़ाई-लिखाई से जितना आउटपुट मिलना चाहिए वह कम मिल रहा है।

स्मार्टफ़ोन: इसी से जुड़ी दूसरी चीज़ है-आपका स्मार्टफ़ोन। स्मार्टफ़ोन का इस्तेमाल सोशल मीडिया के अलावा भी होता है। सोशल मीडिया भी स्मार्टफ़ोन पर ही है, लेकिन स्मार्टफ़ोन सोशल मीडिया के अतिरिक्त डिस्ट्रैक्शन के अनगिनत कारण पैदा करता है। हमने एक प्रोज़ेक्ट की तरह बहुत से सफल और असफल विद्यार्थियों से बात की। विद्यार्थियों ने बताया कि स्मार्टफ़ोन उनका सबसे बड़ा डिस्ट्रैक्शन है। इसे समझने के लिए हम उनसे कुछ प्रश्न पूछते थे:

- क्या आपका ध्यान लगातार स्मार्टफ़ोन की तरफ जाता है?
- क्या फ़ोन का नॉटिफ़िकेशन आपको डिस्ट्रैक्ट करता है?
- क्या फ़ोन में आने वाले गैर ज़रूरी मैसेज भी आपको डिस्ट्रैक्ट कर देते हैं?
- क्या स्मार्टफ़ोन की वजह से आपका शेड्यूल डिस्टर्ब होता है?

अधिकांश युवाओं ने बताया कि ऐसा होता है। यहाँ तक कि कई गंभीर विद्यार्थियों ने तो स्मार्टफ़ोन को रूम पर छोड़कर क्लास जाना शुरू किया।

कुछ विद्यार्थियों ने स्मार्टफ़ोन छोड़कर ख़ुद को बेसिक फ़ोन पर ट्रांसफर कर लिया। यह तरीका सबके लिए एक बराबर कारगर और व्यवहारिक हो, यह नहीं कहा जा रहा है। असल में यह ऐसा रोग है, जिसका इलाज रोग की पहचान से शुरू हो जाता है। अगर कोई विद्यार्थी इस रोग को अपने आप पहचान लेता है तो वह इस रोग को दूर करने का कोई न कोई तरीका भी निकाल ही लेगा ।

स्मार्टफ़ोन और सोशल मीडिया की वजह से आपके जीवन का प्रतिदिन करीब चार से छः घंटे तक चला जाता है। आपके पास इफेक्टिवली दिन में 14 या 15 घंटे से ज़्यादा नहीं हो सकते। क्योंकि बाकी समय आप आराम करेंगे या कुछ सामान्य कामकाज करेंगे। उसी में से आपको अपनी पढ़ाई के लिए समय निकालना है। आपको अपने दूसरे कामों के लिए समय निकालना है। इस सब के बीच अगर सोशल मीडिया और स्मार्टफ़ोन आपका छः घंटा ले जा रहे हैं तो समय के स्तर पर यह बहुत ज़्यादा है। और जैसा कि मैंने बताया, मामला केवल समय का नहीं है। यह आपके सोचने-समझने याद रख सकने की क्षमता को प्रभावित करता है। इसलिए आपको इन दो चीज़ों पर काम करना है।

रिलेशनशिप: डिस्ट्रैक्शन के मामले में मैं रिलेशनशिप को तीसरे लेवल पर रख रहा हूँ। हालाँकि बातचीत इसी से शुरू हुई थी। देखिए, आप युवा हैं, यदि आप रिलेशनशिप्स में नहीं होंगे तो भला कौन होगा! मैं रिलेशनशिप से बचने की सलाह अपने विद्यार्थियों को नहीं देता; न अपने अंडर ग्रेजुएट विद्यार्थियों को न पोस्टग्रेजुएट विद्यार्थियों को, न ही एस्पिरेंट्स को।

अगर आप यह मानकर चलते हैं कि आपको किसी रिलेशनशिप में जाना ही नहीं है तो इसमें फिर से आपकी कमान खिंच जाएगी। और यह चीज़ आपकी बहुत ज़्यादा ऊर्जा लेगा। रिलेशनशिप में जाने की सैकड़ों वजहें होती हैं। उम्र एक वजह है। आपकी भौतिक ज़रूरतें दूसरी वजह हैं। आपकी इमोशनल ज़रूरतें तीसरी वजह हैं। आपको सपोर्ट की ज़रूरत पड़ती

है, यह चौथी वजह है। इसलिए यह समझ में आने वाली बात है कि आप रिलेशनशिप्स में हों। जाना नहीं जाना यह आपका फ़ैसला होना चाहिए। लेकिन रिलेशनशिप को कभी टॉक्सिक न होने दें। आपके रिलेशनशिप की माँग अनरीजनेबल न हो। वह आपकी आज़ादी को पूरी तरह से खत्म न करती हो। वह आपकी पढ़ाई और आपके लक्ष्य को पूरी तरह से तोड़ न देती हो। यह सुनिश्चित करना आपकी ज़िम्मेदारी है।

इसलिए रिलेशनशिप्स में जाना और ज़रूरत पड़ने पर उससे बाहर निकलना, यह आपकी उम्र और लक्ष्य की अनिवार्यताओं में से है। अतः यह मानकर मत चलिए कि आपको प्रेम में पड़ना ही नहीं है। दिक्कत रिलेशनशिप में नहीं है। दिक्कत है रिलेशनशिप्स की हैंडलिंग में। इसका मतलब 'बी इन हेल्दी रिलेशनशिप। डोंट बी इन टॉक्सिक रिलेशनशिप। एंड सेकंड, देयर इज़ अ कॉस्ट टू पे।' उस कीमत को पहले से पहचानिए और उसका ध्यान रखते हुए रिलेशनशिप को सींचिए। अगर रिलेशनशिप पॉजिटिव और हेल्दी है तो वह आपका इंस्पिरेशन बन जाएगा और आपकी पूरी यात्रा खूबसूरत बना देगा। फिर आपके सपनों की यह यात्रा आपको तपस्या जैसी नहीं लगेगी। लेकिन सुनिश्चित करें कि रिलेशनशिप डिस्ट्रैक्शन की बजाय आपके उद्देश्य में सपोर्टिव हो।

एक्सेसिव कोचिंग एंड मेंटरिंग: क्या आपने कभी सोचा है कि एक्सेसिव कोचिंग या मेंटरिंग एक तरह का डिस्ट्रैक्शन भी हो सकता है। मान लीजिए आपके पास दिन भर के वही 12 से 14 घंटे हैं। इसमें से आप छः से सात घंटे कोचिंग और कोचिंग की रिक्वायरमेंट को दे रहे हैं। आपको लग सकता है कि आप खूब मेहनत कर रहे हैं। लेकिन यह एक्सेसिव कोचिंग कई बार आपकी लर्निंग की प्रक्रिया को पैसिव बना देती है। इसके उलट जब आप ख़ुद सोचने और सीखने की कोशिश करते हैं तो एक तरह की आत्मनिर्भरता पैदा होती है। कोचिंग में आप सामान्यतः सब कुछ निष्क्रिय तरह से सुन-देख रहे होते हैं और धीरे-धीरे आप सीखने के प्रति उदासीन हो जाते हैं। जबकि सीखना मूलतः एक सक्रिय प्रक्रिया है। पैसिव लर्निंग एक तो कम मात्रा में

होती है और दूसरा बहुत जल्दी जेहन से उड़ जाती है। बेंजामिन फ्रेंकलिन ने ठीक कहा है-

"मुझे कुछ बताओ तो मैं भूल जाता हूँ,
कुछ सिखाओ तो मैं उसे याद रख सकता हूँ,
लेकिन अगर मैं उसमें इनवॉल्व होता हूँ तो सीख लेता हूँ।"

याद रखने और सीखने में बहुत अंतर है। चीज़ों को याद रखने की एक सीमा है, लेकिन सीखने की कोई सीमा नहीं है। आप लगातार क्लास कर रहे हैं। आप सुन रहे हैं। आपको पूरा यक़ीन है कि आप सीख रहे हैं। कभी-कभी नोट्स भी ले रहे हैं। लेकिन सच्चाई यह है कि आपके भीतर यह सब बहुत कम टिक रहा है। पैसिव लर्निंग आपके अटेंशन को कम करती है। अर्थात आपका दिमाग किस पर ध्यान दे सकता है और कितना याद रख सकता है, यह पैसिव लर्निंग में कम होता जाता है। **जब आप 500 या 800 विद्यार्थियों की एक क्लास में बैठे हों तो तब आप एक कुर्सी भर हैं।** आप उतना ही सीख रहे हैं जितना कुर्सी। क्योंकि आपने उसके लिए कोई एडिशनल एफर्ट नहीं दिया। कभी-कभी आप जब नोट्स लेते हैं तो एडिशनल एफर्ट की वजह से कुछ-कुछ अटेंशन बढ़ता है। अतः यह निश्चित कीजिए कि आप लगातार की कोचिंग के चक्कर में पैसिव लर्निंग के शिकार तो नहीं हो रहे हैं। क्योंकि अंततः यह चीज़ आपका आत्मविश्वास छीनकर आपको कोचिंग पर निर्भर बना देगी।

- इंडिपेंडेंट लर्निंग के लिए समय बचाइए
- रिसर्च माइंडसेट डेवलप करें और ओरिजिनल टेक्स्ट को पढ़ते हुए ख़ुद का नोट्स बनाएं
- एक्टिव लर्निंग करें
- पिछले साल के सवालों पर अतिरिक्त निर्भरता ठीक नहीं

- पिछले साल के सवालों से ट्रेंड्स का अंदाज़ लगता है लेकिन यह आपकी इंडिपेंडेंट लर्निंग का विकल्प नहीं है

कम्पैरिजन एंग्ज़ाइटी से बचें: मैं जब अपने विद्यार्थियों से या एस्पिरैन्ट्स से बात करता हूँ तो अक्सर वे काफी तनाव में होते हैं और इसकी वजह वे ख़ुद नहीं होते। इसकी वजह अक्सर उनके दोस्त या रिलेटिव्स होते हैं। वे बार-बार ख़ुद की उनसे तुलना कर रहे होते हैं। वे देख रहे होते हैं कि आज वो कितने घंटे पढ़े और उनकी तुलना में उनके दोस्त ने कितने घंटे पढ़ाई की। किसी मॉक टेस्ट में उनके दोस्तों के कितने नंबर आये! यह सब सामान्य उदाहरण हैं, लेकिन इन सब से विद्यार्थियों की साइकोलॉजी का पता चलता है। यहाँ हम इसी चीज़ को समझना चाहते हैं। यह क्या चीज़ है और इससे आपको क्या नुकसान हो सकता है?

हर व्यक्ति यूनिक होता है। हर एक व्यक्ति की यात्रा यूनिक होती है। यदि आप लगातार इस तुलना वाले मोड में रहेंगे तो निश्चित तौर से आप पर इसका असर पड़ेगा। पढ़ाई के घंटे, मॉक टेस्ट या टेस्ट सीरीज़ का स्कोर आदि दूसरी चीज़ों में दूसरे दोस्त कहाँ तक पहुँच गये हैं, इस तरह की सोच एंग्ज़ाइटी पैदा करती है। और इससे आपकी पढ़ाई-लिखाई और आपकी ज़िंदगी पर बुरा असर पड़ता है।

सबसे पहले यह समझना चाहिए कि तमाम कोशिशों और समान सिचुएशन के बावजूद आप बाकियों जैसे न बन सकते हैं और न आपको उन जैसा बनना चाहिए। इसलिए आपको अपनी यात्रा पर नज़र डालनी चाहिए। आपको देखना चाहिए कि आपकी यात्रा क्या है। इसी तरह आपको बाकियों को भी उनकी यात्रा के संदर्भ में ही देखना चाहिए। लेकिन अगर आपको कंपेयर करना ही है तो फिर क्यों न आप ख़ुद को अपने कल से कंपेयर करें? आज आपने कल से बेहतर तरह पढ़ाई की। आज आपने इस टॉपिक को कल से आगे पढ़ लिया। पिछले सप्ताह आपने जो किया था, क्या आज आप उससे थोड़ा-सा बेहतर कर रहे हैं। यहाँ इंपॉर्टेंट बात यह है कि यदि

आप डेली मात्र 0.1% सुधार करते हैं तो आप पाएँगे कि 10-20 दिन में इसका कंपाउंडिंग इफ़ेक्ट होगा। इस प्रक्रिया में धीरे-धीरे आप बेहतर करने लगेंगे। आपको क्या ज़रूरत है कि किसी अन्य व्यक्ति से तुलना करें? अतः लगातार के इस कंपैरिजन से बाहर निकलिए। और इस तनाव से निकलने का जो पहला तरीका है, वो है- **फ़ोकस ऑन योर जर्नी**। आपकी जीवन यात्रा अलग है इसलिए आपका व्यक्तित्व भी। अतः दूसरों से तुलना करके इसका अनादर न करें।

आप अपना फ़ोकस बढ़ाना चाहते हैं तो ख़ुद को लगातार मॉनिटर करें और छोटी-छोटी सफलताओं को सेलिब्रेट करें। इसका यह मतलब नहीं कि आप लगातार पार्टी दे रहे हैं। इसका मतलब है:

ख़ुद को शाबाशी दीजिए;

जाइए ज़रा सैर कर आइए, चाय पी आइए।

प्रेशर में कोई काम बेहतर नहीं होता। व्यक्ति ख़ुद पर और अपने काम पर फ़ोकस करने के बजाय निरंतर दूसरों के बारे में सोचता रहता है। ख़ास तौर से आज के युवाओं की ज़िंदगी इस बात से डिफ़ाइन नहीं हो रही कि वो ख़ुद कहाँ से कहाँ पहुँचे बल्कि कंपैरिजन उनकी ज़िंदगी को डिफाइन कर रहा है। इसका कारण यह है कि इस पीढ़ी में सोशल मीडिया का एक्सपोजर बहुत ज़्यादा है। सोशल मीडिया पर हर छोटी-मोटी चीज़ क्वांटिफाई है; कितने लाइक्स मिले, कितने व्यूज़ मिले, किसको किसने क्या कमेंट किया। यह सब देखकर आप तुलना करने लगते हैं। इस तरह आप लगातार दूसरों के बारे में सोचते रहते हैं। आपकी तैयारी के हित में यहाँ बस इतना- सोशल मीडिया से थोड़ा बच के रहें।

आपसे यह उम्मीद नहीं है कि आप सोशल मीडिया छोड़ देंगे। यह ज़रूरी है कि आप इनफॉर्म्ड रहें लेकिन ऑबसेस्ड न रहें। सोशल मीडिया से आपको अपडेट मिलते हैं। सूचनाएँ मिलती हैं। आपको सिलेबस से जुड़ी हुई चीज़ें पता लगती हैं। एग्ज़ामिनेशन ट्रेंड्स का पता लगता है। इसलिए आप इस से एकदम कटे तो नहीं रह सकते।

लेकिन क्या आप बस इनफॉर्म्ड रहने के लिए सोशल मीडिया पर एक्टिव रहते हैं? नहीं! आप वहाँ ख़ुद को अभिव्यक्त करने के लिए हैं। सामान्यतः एक स्टोरी डालकर आप बार-बार उसे चेक कर रहे होते हैं; कितने लोगों ने देख लिया, कितने लाइक आ गये, कितने कमेंट्स आ गये। इससे आपकी ज़िंदगी में क्या फ़र्क पड़ जाएगा अगर यह सूचना आपको 1 घंटे बाद मिले! अगर ऐसा है, और ज़रूर होगा, तो सँभल जाइए। बल्कि अगला वाक्य पढ़ने से पहले इसपर सोच लीजिए। अब इसे बिन्दुवार समझ लें-

यूनिकनेस की अनदेखी: हर व्यक्ति की अपनी यात्रा और क्षमताएँ अलग होती हैं। दूसरों से तुलना करते हुए हम अपनी यूनिकनेस भूल जाते हैं।

मूल्यांकन का ग़लत मापदंड: किसी की सफलता या प्रगति के संदर्भ अलग होते हैं। तुलना करते हुए आप अपना मूल्यांकन एक ऐसे पैमाने पर कर रहे होते हैं, जो शायद आपके लिए प्रासंगिक ही न हो।

नकारात्मक मनोभावों का विकास: लगातार तुलना करने से जलन, आत्म-संदेह और असंतोष की भावना बढ़ सकती है।

फोकस में कमी: तुलना करने में आपका ध्यान अपनी प्रगति और प्रयास से हटकर दूसरों की उपलब्धियों पर चला जाता है, जो आपकी उत्पादकता को घटा देता है।

स्वास्थ्य की अनदेखी: अगर आप स्वस्थ नहीं हैं तो पूरे उत्साह के साथ लंबे समय तक तैयारी में टिके नहीं रह सकते। मैंने कई बार विद्यार्थियों को बड़े गर्व से कहते सुना है कि हम तो समय से खाना नहीं खाते या कहेंगे कि हम रोज़ अपना लंच मिस कर देते हैं या फिर लंच की जगह में कुछ ऐसे ही दो-चार बाइट खा लेते हैं। इसी तरह की बातें वे नींद के बारे में कहते हैं। असल में यह दुरगामी योजनाहीनता और दिखावा भर है। समय से नाश्ता, खाना और सात-आठ घंटे की नींद आपकी ज़रूरत है। बल्कि यह शारीरिक अनिवार्यता है। क्योंकि यूपीएससी की तैयारी कोई स्प्रिन्ट रेस नहीं है, यह मैराथन है। इसलिए आपकी डाइट ठीक हो, आप ठीक-ठाक नींद लें, व्यायाम करते रहें

यह आपकी तैयारी के लिए ज़रूरी है। इन पर ध्यान न देकर आप अपना फ़ोकस और अपनी प्रोडक्टिविटी कम करते हैं। इसलिए अगर आप निरंतर तैयारी को जारी रखना चाहते हैं तो स्वास्थ्य को प्राथमिकता दें।

इसी से जुड़ी हुई बात है शारीरिक और मानसिक स्वास्थ्य। अगर आप मुखर्जी नगर या करोलबाग की गलियों में जाएं और कुछ पुराने एस्परेंट्स से जानने की कोशिश करें कि अपनी तैयारी में सबसे बड़ी दिक्कत क्या आयी, तो वे आपको बताएँगे कि स्वास्थ्य की वजह से बहुतों को अपने अटेंप्ट छोड़ने पड़ते हैं। या लास्ट मोमेंट तक तैयारी के बावजूद अंत समय पर स्वास्थ्य की वजह से अपीयर नहीं हो पाते। उनको लगता है अटेम्प्ट वेस्ट होगा। आपने हेल्थ को कभी डिस्ट्रैक्शन में नहीं गिना होगा लेकिन आज से हेल्थ को लेकर कॉन्शस हो जाइए। क्योंकि हेल्थ इश्यूज सबसे बड़ा डिस्ट्रैक्शन बन सकता है।

फैमिली और सोशल डिस्ट्रैक्शन: घर से रोज़ाना फ़ोन आ रहा है; कभी किसी त्यौहार के लिए, कभी शादी के लिए। और आप नहीं जाते हैं तो फिर लड़ाई-झगड़ा होता है। या मान लीजिए घर में कोई इशू चल रहा है, कोई आर्थिक-सामाजिक किस्म की परेशानी चल रही है, कोई बीमार चल रहा है। इस सब में आपको इनवॉल्व होने की ज़रूरत पड़ती है। गुरुकुल परंपरा में विद्यार्थी के जो पाँच लक्षण बताये जाते थे, उसमें एक लक्षण उसका गृहत्यागी होना भी था, जो अब संभव नहीं है। क्योंकि आप आर्थिक और भावनात्मक रूप से परिवार पर निर्भर होते हैं। लेकिन अगर आप छोटे-छोटे गैर-ज़रूरी मसलों में शामिल रहेंगे तो आपका बहुत सारा समय इसमें जाएगा और आपकी निरंतरता भंग होगी। इसका यह मतलब नहीं कि आप हर पारिवारिक ज़िम्मेदारी से मुक्त हो जाएं। न तो यह व्यवहारिक है न संवेदनशीलता कहलाएगा। फिर करें क्या?

पारिवारिक माँग और अपनी तैयारी की ज़रूरतों का ऑब्जेक्टिव मूल्यांकन करें। जब आप दिमाग से सोचकर अपने समय और पारिवारिक विषय का मूल्याँकन करेंगे तो आप जिस निष्कर्ष पर पहुँचेंगे, वह आपके

डिस्ट्रैक्शन को काफी कम कर देगा। क्योंकि जिस चीज़ को आप दिमाग से समझ लेते हैं, वह चीज़ अपनी उलझन खोकर दिमाग में सही जगह व्यवस्थित हो जाती है। उलझन और भावनाओं का वजन बहुत ज़्यादा होता है, लेकिन विश्लेषण की प्रक्रिया में वह तथ्य, तर्क और आँकड़े में बदल जाता है। और जब ऐसा होता है तो निर्णय लेना आसान हो जाता है।

इसी तरह अगर आज आप पढ़ाई के निश्चित समय से एक घंटा कहीं और लगाते हैं तो कल आप बाकी चीज़ों में से एक घंटा काटेंगे। अगर आप ऐसा नहीं कर पाएँगे तो धीरे-धीरे हताशा आएगी। पारिवारिक ज़रूरतों से अलग अन्य सोशल ऑब्लिगेशंस भी हो सकते हैं। आज दोस्त का बर्थडे है, कल किसी के यहाँ कोई और पार्टी है, परसों कॉलेज की छोटी-सी पार्टी है। यह सब सिर्फ़ उतना ही समय नहीं लेता जितने समय आप वहाँ होते हैं। यह उस समय से पहले और समय के बाद, आपके अटेंशन को बाँटती है। यह सब निबटने के बाद यह आपकी स्मृति का एक हिस्सा लेती है। लेकिन आप यह सब एकदम छोड़ भी नहीं सकते, क्योंकि आपको भी एक सोशल सपोर्ट सिस्टम चाहिए। लेकिन पारिवारिक मसलों की तरह इसे थोड़ा रेशनलाइज़ करने की कोशिश करेंगे तो डिस्ट्रैक्शन काफी कम हो जाएगा।

अगर आप अपने बड़े डिस्ट्रैक्शन को समझते हैं तो जब ऐसा हो रहा होगा तो आपका दिमाग उससे निकलने में सक्रिय हो जाएगा। दूसरे आप स्वयं धीरे-धीरे उससे बचने का रास्ता खोज लेंगे। बल्कि तब आपको पता होगा कि समस्या आने वाली है और आप उससे बचने की स्ट्रेटजी पहले ही सोच लेंगे। आपको पता होगा कि इसे कैसे हैंडल किया जाना है और अगर आप हैंडल नहीं कर पा रहे होंगे तब आपको पता होगा कि यह मामला मेरी क्षमता से परे जा रहा है, इसलिए किसी से हेल्प लेंगे। फिर कोई न कोई तरीका निकल आता है।

ज़रूरी है एक्टिव लर्निंग

अध्याय - 2

लर्निंग 2.0

मैं देश भर के अलग-अलग कैंपस में जाता हूँ। विद्यार्थी लगातार एक सवाल पूछते हैं कि पिछले कुछ सालों से प्रिलिमनरी एग्ज़ामिनेशन के पैटर्न बदल गये हैं और अब ऐसे सवाल पूछे जा रहे हैं, जिन्हें पारंपरिक रिसोर्सेज़ पढ़कर हल नहीं किया जा सकता। अब कुछ फैक्ट, चार-छः किताबों से तैयारी करके काम नहीं चल रहा है। ऐसे में क्या किया जाए? पैटर्न की इन नयी चुनौतियों कैसे हैंडल किया जाए?

आज विद्यार्थियों के सामने चुनौती यह है कि वे जो सीख रहे हैं, उसका रिटेंशन कम है। दूसरे, वे जो सीख रहे हैं, वह बाकी लोगों जैसा ही है। इस कारण डिफरेंशिएबल विद्यार्थी और साधारण सामान्य तैयारी से आये विद्यार्थी के बीच अंतर कम नहीं हो पाता। अतः इस डिफ़रेंशिएबल चीज़ को पहचानने की ज़रूरत है ताकि उनकी संभावनाओं को बढ़ाया जा सके।

सभी एस्पिरैन्ट्स एक तरह की तैयारी के तंत्र में हैं। वे सभी, ऑनलाइन या ऑफलाइन, एक ही तरह की कोचिंग में जा रहे हैं, एक ही तरह की किताबें पढ़ रहे हैं, तो एक एस्पिरैन्ट दूसरे से अलग कैसे होगा!

आपने एकलव्य की कथा ज़रूर सुनी होगी। एकलव्य जब द्रोणाचार्य से शिक्षा नहीं ले पाया तो उसने ख़ुद से सीखना शुरू कर दिया। वह सीखता रहा, सीखता रहा और उसने द्रोणाचार्य के बाकी शिष्यों से अलग नयी चीज़ें सीखीं। द्रोणाचार्य के बाकी शिष्यों को जो पता था, वह तो उसे पता ही था, इसके अलावा भी वह बहुत कुछ जानता था। वह ऐसी कलाएँ जानता था जो द्रोणाचार्य नहीं सिखा सकते थे। आप जानते हैं कि अगर एकलव्य का अँगूठा न ले लिया जाता तो द्रोणाचार्य का कोई भी शिष्य एकलव्य के सामने नहीं टिकता।

यह कहानी क्या सिर्फ़ गुरुभक्ति और एकाग्रता की है? अगर ऐसा है तो उनके इतने शिष्यों में से किसी में तो यह प्रतिभा होती!

असल में यह पुरानी कथा एक्टिव लर्निंग और स्वाध्याय का महत्त्व बताती है।

एकलव्य अपनी एक्टिव लर्निंग से कौशल हासिल करते हैं। आप किसी कोचिंग या क्लासरूम में कुछ सीख रहे हैं तो आपमें और वहाँ पड़ी कुर्सियों में कुछ अंतर तो ज़रूर होगा। आपके सामने कोई शिक्षक है या फिर उसका वीडियो चल रहा है। आप बस उसे निहारते हुए सुन रहे हैं, सुने जा रहे हैं। क्या वास्तव में आपकी लर्निंग हो रही है या यह ग़लतफ़हमी है कि आप सीख रहे हैं।

आप अगली कोई किताब उठाएँ या अगली क्लास में जाएं, उससे पहले आपको पढ़ाई के तरीके पर सोचना चाहिए। क्योंकि बिना ऐक्टिव लर्निंग के तरीके सीखे आप चाहे जितनी देर क्लास में रहें, कुछ भी नहीं सीखेंगे। क्योंकि केवल एक्टिव लर्निंग ही दिमाग में दर्ज़ होती है। केवल एक्टिव लर्निंग क्रिटिकल एनालिसिस में ले जाती है। केवल एक्टिव लर्निंग ही आपको वह क्षमता देती है कि आप उन प्रश्नों को हैंडल कर सकें, जो प्रश्न आजकल के प्रीलिम्स में पूछे जा रहे हैं। अब आप केवल एलिमिनेशन से सही सवाल तक

नहीं पहुँच सकते हैं न ही केवल याददाश्त के ज़रिए सही उत्तरों तक पहुँच सकते हैं। अब अगर आप यूपीएससी प्रिलिम्स भी क्लियर करना चाहते हैं तो आपको उस विषय को आत्मसात करना पड़ता है। उस विषय को अपनी क्रिटिकल थिंकिंग और एनालिसिस में लाना पड़ता है। उन कॉन्सेप्ट्स को अपने आसपास की दुनिया में अप्लाई करके सीखना पड़ता है। और इसके लिए ज़रूरी है- एक्टिव लर्निंग।

कोचिंग क्लास की पूरी प्रक्रिया पर ध्यान दीजिए। आप बैठे होते हैं, सामने कंटेंट डिलीवर हो रहा होता है। आप आदतन नोट्स ले रहे होते हैं और यह उम्मीद करते हैं कि ज़रूरत पड़ने पर सुने हुए कॉन्सेप्ट्स को अप्लाई कर पाएँगे और इस तरह सही उत्तर तक पहुँच पाएँगे। लेकिन अगले अध्याय तक पहुँचते ही आप पिछले अध्याय के कॉन्सेप्ट को भूल चुके होते हैं। क्योंकि न तो उसे सीखने में आपकी कोई सक्रियता थी न आपने उसे अपने आसपास की दुनिया में अप्लाई किया।

एक्टिवली लर्न किया कैसे जाता है? सबसे पहली चीज़ तो यह है कि आपको पैसिव तरीके से सुनने के बजाय लर्निंग प्रोसेस में एक्टिवली इन्वॉल्व होना पड़ता है। डिस्कशंस में, प्रॉब्लम सॉल्विंग में, केस स्टडीज़ में या ज़रूरत पड़ने पर वास्तव में किसी गतिविधि में। और यह सब वो चीज़ है, जिसे आप 500 या 800 लोगों की क्लास में नहीं कर पाते। आपको समझना पड़ेगा कि जब आप इन गतिविधियों में शामिल होते हैं तो क्लास के बाद उस विषय पर चर्चा में शामिल होते हैं, उस विषय या कॉन्सेप्ट पर आधारित प्रॉब्लम सॉल्विंग में शामिल होते हैं या उससे जुड़े हुए केस स्टडीज पर ध्यान देते हैं। मान लीजिए आपको सिटिजनशिप से संबंधित किसी प्रावधान के बारे में बताया गया। उस प्रावधान में अब तक क्या केस हुए हैं, जब आप उन पर विचार करना शुरू करते हैं तो A B C तीन केसेज़ को देखते हैं। फिर कभी न्यूज़ पेपर में इसके बारे में पढ़ते और पिछली बात को याद करते हैं। इस तरह जो आपने क्लास में पढ़ा वह आपके अंदर आत्मसात होने लगता है। इसलिए

अगर आप सीखना चाहते हैं तो केवल याद करने को लर्निंग न मानें। पढ़ाई को अपनी गतिविधियों में शामिल करें। दूसरी महत्त्वपूर्ण चीज़ है क्रिटिकल थिंकिंग और एनालिसिस। जब तक आप कॉन्सेप्ट पर विचार नहीं करेंगे तब तक वह केवल याद करना या रट्टा भर रह जाएगा। और यह बात आपको समझनी होगी कि रटकर सफलता पाने के दिन अब लद गये। दरअसल रटकर सफलता कभी नहीं मिलती थी, हाँ आप एक-आध क़दम ज़रूर चल सकते थे। पहले प्रिलिम्स में रटने की थोड़ी भूमिका ज़रूर थी लेकिन आज वह भी नहीं बची है। असल में सिर्फ़ सिविल सर्विसेस में ही नहीं सामान्य जीवन में भी आपको क्रिटिकल थिंकिंग और एनालिसिस की ज़रूरत पड़ती है। यह आपको ध्यान रखना पड़ेगा।

नये समय की रणनीति-लर्निंग 2.0 : सिर्फ़ पढ़ने पर ही नहीं इस बारे में भी सोचें कि आप पढ़ कैसे रहे हैं। रोज़ाना थोड़ा-सा समय इस बात के लिए भी रखिए कि आप किस प्रक्रिया से सीखने की कोशिश कर रहे है। क्या इससे बेहतर तरीके से सीखा जा सकता था? सीखने के दौरान आप बौद्धिक रूप से कितने एक्टिव थे। कितना आपने कोशिश कर के सीखा है और कितना कुछ आपने यों ही पढ़ या सुन भर लिया। आपको ऐक्टिव लर्निंग करनी है अन्यथा आप पढ़ते जाएंगे और यह ग़लतफ़हमी भी बढ़ती जाएगी कि आप मेहनत कर रहे हैं, लेकिन इसका कोई परिणाम नहीं निकलेगा। इसलिए आपको जितना सजग सीखने में होना है उतना ही सीखने की अपनी प्रक्रिया को लेकर भी।

यही नये समय की स्ट्रेटेजी है।
यही लर्निंग 2.0 है।
यही दरअसल यूपीएससी 2.0 की लर्निंग है।

एक्टिव लर्निंग के तरीके: यदि आप चीज़ों को सीखना चाहते हैं तो आपको उसे वास्तविक दुनिया की समस्याओं के साथ जोड़ना पड़ेगा। इसे ही हम कॉन्सेप्ट का एप्लीकेशन कहते हैं। इसी से जुड़ी हुई बात यह है कि सीखना

कोई एकाकी क्रिया नहीं है। कमरे में बंद होकर 12 से 16 घंटे तक एक ही किताब को बार-बार दोहरा रहे हैं। यह सब आपको ग़लतफ़हमी दे सकता है कि आप बहुत मेहनत कर रहे हैं। मेहनत तो आप कर ही रहे हैं, लेकिन इतना पढ़ने के बाद अगर सामान्य से कॉन्सेप्ट और चीज़ें दिमाग में नहीं टिक रहीं तो दिक्कत पढ़ने के तरीके में है। चीज़ें जितनी कॉम्प्लेक्स होती गयी हैं और प्रश्न जितने असामान्य होते गये हैं, उसकी तैयारी आप एकाकी कमरे में बंद होकर नहीं कर सकते। अब आपको **कोलेबरेटिव लर्निंग** करनी होगी। इस प्रक्रिया में आपको आस-पास के अन्य एस्पिरैन्ट्स को अपना पर्सपेक्टिव देना, उनका पर्सपेक्टिव लेना, समूह में सीखना और कुल मिलाकर अपने सीखने की प्रक्रिया को कलेक्टिव और कोलेबोरेटिव बनाना होगा।

आपने कितनी भी तैयारी क्यों न की हो लेकिन यह करने की एक सीमा है। समय और अपनी मानवीय सीमाएँ हैं, जिनके चलते आप लिमिटेड सोर्सेस तक ही जा सकते हैं। और आज तो सोर्सेस का विस्फोट हुआ है। अब चार-छः किताबें भर तो हैं नहीं, बहुत बड़े पैमाने पर सामग्री उपलब्ध है। इतनी सामग्री को आत्मसात कर सकना किसी एक व्यक्ति के लिए संभव नहीं है और शायद इसकी ज़रूरत भी नहीं है। लेकिन अलग-अलग सामग्री से मिलने वाले पर्सपेक्टिव के आधार पर आपको कोई राय तो बनानी होगी। यह होगा कैसे? इसके लिए आपको कोलेबोरेटिव लर्निंग की तरफ जाना पड़ेगा। अपने दोस्तों या अध्यापक से उस विषय पर बातचीत करें। फिर लोगों की राय के विश्लेषण से एक संतुलित और व्यावहारिक राय बनाएं।

पुराने शिक्षण अधिगम प्रक्रिया में विद्यार्थी को खाली जार की तरह समझा जाता था। स्कूलों में माना जाता है कि सामने बैठा हुआ विद्यार्थी खाली जार है और शिक्षक ज्ञान से भरा बड़ा जार। बस बड़े जार से निकालकर ज्ञान को छोटे-छोटे जारों में उड़ेल देना है। ज्ञान का स्तर अब वहाँ पहुँच गया है जहाँ अधिगम का यह पुराना तरीका अपर्याप्त है। आप जब शिक्षा के ऊपरी स्तरों तक पहुँचते हैं तो यहाँ पहुँचकर इस बात से कोई फ़र्क नहीं पड़ता कि

आपको क्या याद रहा और क्या याद नहीं रहा। महत्त्वपूर्ण यह है कि आप किसी विषय को देखते कैसे हैं। कॉलेज के दौरान आपने ग्रुप डिस्कशन किया होगा। इंटरनल सेमिनार्स में आपने टर्म पेपर्स किये होंगे। इस सब में रिसर्च का कोई न कोई सिरा ज़रूर शामिल रहा होगा। आपको इसे परीक्षाओं की तैयारी में भी शामिल करने की ज़रूरत है। आपको समझना होगा कि आपके शिक्षक, कोचिंग या मेंटर्स की भूमिका फैसिलिटेटर की है, ज्ञान के बड़े जार की नहीं है। अगर चीज़ें इससे उलट हैं तो आपकी पैसिव लर्निंग हो रही है। पैसिव लर्निंग में रिटेंशन कम है। इसलिए जब नये किस्म के सवाल आपके सामने आते हैं तो आप सोचते हैं- पढ़ा तो मैंने भी था लेकिन दूसरा व्यक्ति इस टॉपिक पर उत्तर दे रहा है मैं ऐसा क्यों नहीं कर पा रहा। आपको समझना पड़ेगा एक ही क्लासरूम में, एक ही शिक्षक से, एक ही तरह की सामग्री से सीखते हुए भी कैसे अलग-अलग लोगों की लर्निंग आउटकम्स अलग-अलग हैं। इसकी वजह से उनके सफलता की संभावनाएँ अलग-अलग हैं।

- कॉन्सेप्ट को वास्तविक दुनिया की समस्याओं से जोड़ें।
- रटने के बजाय गहरी समझ और विश्लेषण को प्राथमिकता दें।
- विभिन्न स्रोतों और दृष्टिकोणों से ज्ञान प्राप्त करें।
- कोलेबोरेटिव लर्निंग करें।
- सहपाठियों और शिक्षकों के साथ विचार-विमर्श करें।
- समूह में चर्चा और सहयोग से नयी समझ विकसित करें।
- अच्छे शिक्षक की पहचान करें।
- शिक्षक को फैसिलिटेटर के रूप में देखें, जो सही दिशा दिखाए।
- पैसिव लर्निंग से बचकर अधिक सक्रिय और रचनात्मक बनें।

- सीखने की प्रक्रिया का मूल्यांकन करें।
- अपने अध्ययन के तरीके की समीक्षा करें और सुधार करें।
- "सीखने को सीखने" की आदत विकसित करें।
- आधुनिक चुनौतियों और प्रतियोगी परीक्षाओं के लिए उन्नत तकनीकों का उपयोग करें।
- गहराई से सोचें, सहयोग करें और रचनात्मक दृष्टिकोण अपनाएँ।

दौड़ की फिनिशिंग लाइन बराबर होने से दौड़ बराबर नहीं हो जाती।
क्योंकि दौड़ में हर धावक की स्टार्टिंग लाइन
दुर्भाग्य से अलग-अलग होती है।

अध्याय - 3

प्लानिंग

क्या चाहिए, कितना समय, कितनी किताबें?

तमाम शॉर्ट्स और रील्स आपको दिखाते हैं कि यूपीएससी क्रैक करना बस चुटकियों का खेल है। आपने अगर अमुक किताब, अमुक कोर्स, अमुक कोचिंग कर ली तो 4-6 महीने के अंदर आप एग्जाम क्रैक कर लेंगे। या फिर कहेंगे कि 20 घंटे लगातार पढ़कर एग्जाम क्रैक किया जा सकता है। इस तरह के वीडियोज़ और शॉर्ट्स आप तक पहुँचते होंगे और आपका मन करता होगा कि इन पर यक़ीन कर लें। यह सब कितना एक्साइटिंग होता है न!

पहली बात, कितने दिन में यूपीएससी की तैयारी की जा सकती है? जो लोग कह रहे हैं कि 40-50 दिन में की जा सकती है, क्या वे सही कह रहे हैं? अगर आप अगले साल अपीयर होना चाहते हैं और अभी तक आप उसके बारे में कुछ नहीं जानते हैं और आपको लगता है कि आज से तैयारी शुरू करेंगे और उसे तोड़ डालेंगे! इसे ख़याली पुलाव ही कहा जाएगा। होने को कोई एक्स्ट्राऑर्डिनरी व्यक्ति हो सकता है, जो दावा करे कि मैंने तो ऐसे ही किया था। लेकिन सच्चाई यह है कि यह तैयारी समय माँगती है। मैं हमेशा कहता हूँ कि ये 100 मीटर की स्प्रिन्ट दौड़ नहीं है, यह एक मैराथन है। इसमें

आप तीन या चार महीने की तैयारी से बहुत कुछ नहीं कर सकते। क्योंकि यह कोई सिंगल-डे एग्ज़ामिनेशन नहीं है। प्रीलिम्स सिंगल-डे एग्ज़ामिनेशन है लेकिन उसमें भी आपको कई सारी दूसरी चीज़ें देखनी पड़ती हैं। इसलिए इसे दो-तीन महीने का मामला न मानें। हमारा मानना हैं कि इसमें 18 महीने मिनिमम और सामान्यतः दो से तीन साल लगते हैं। किसी-किसी स्टूडेंट को 4 साल भी लग सकते हैं। अतः इसके लिए कम से कम दो से तीन साल का स्लॉट रखकर चलना चाहिए। यानी समय को लेकर बिल्कुल स्पष्ट रहिए कि आप इसको तेज़ दौड़कर पूरा नहीं कर सकते। लोग कहते हैं कि 16 या 18 घंटे पढ़ाई कीजिए। मुझे नहीं पता कि ऐसे विद्यार्थी कौन होते हैं जो 16 या 18 घंटे लगातार 2 साल तक पढ़ते हैं! मैं पिछले 20-25 सालों से शिक्षक हूँ। लगातार विद्यार्थियों के संपर्क में हूँ इसलिए जानता हूँ कि ऐसा तो हो सकता है कि आप 16 घंटे किताब के सामने बैठे रहें लेकिन 16 घंटे पढ़ाई भी कर लें, ये नहीं हो सकता। किताब के सामने बैठने और पढ़ने में बहुत अंतर है। क्योंकि आपको फोकस स्टडी चाहिए, जिसका आउटपुट भी अच्छा हो इसलिए अपनी योजना में रोज़ाना आठ-नौ घंटे और मैक्सिमम 10 घंटे रखिए। और उसमें भी बाकायदा ब्रेक्स लीजिए। दो घंटे का एक सेशन-तीन घंटे का एक सेशन, इस तरीके से व्यवस्थित करें। और इस समय में भी अपनी स्टडी को डायवर्सिफाई रखिए।

पहली बात, समय चार-छः महीने से ज़्यादा लगेगा। दूसरे, रोज़ाना 10 घंटे वाले मेथड पर चलिए। क्योंकि रोज़ाना 20 घंटे का मेथड लगातार दो ढाई साल नहीं चल सकता। जबकि अगर आप 8-10 घंटे वाले हिसाब से चलेंगे तो आप संतुलित तरीके से ज़िंदगी के दूसरे कामों को करने के साथ के साथ अपने लक्ष्य की तरफ़ बढ़ रहे होंगे। और इस तरह से ये 8-10 घंटे वाला रूटीन रेगुलर बना रह सकता है। सीखने में सबसे ज़रूरी चीज़ है रिदम।

अब यहाँ पर तीसरी बात आती है- डाइवर्सिटी। लोग बताते हैं कि दो-चार किताबों को ठीक से पढ़कर कोई यूपीएससी क्रैक कर सकता है। कभी

लोग कहते थे, आपने एनसीईआरटी किताबों को कॉमा फुल स्टॉप के साथ याद कर लिया तो अपनी तैयारी हुई मानें। अब वह समय लद गया। अब आपको डाइवर्सिटी की ज़रूरत पड़ती है। आप बेसिक के लिए एनसीआरटी ले सकते हैं। लेकिन उसके बाद आपको डाइवर्स सोर्सेस तक जाना पड़ेगा और उनके बीच के अंतर्संबंधों को खोजना पड़ेगा। डायवर्सिफिकेशन का यह मतलब नहीं है कि आप जो भी किताब सामने आ रही है, उसे पढ़ने लगें। आपको निश्चित तौर पर फोकस स्टडी करनी है। लेकिन आपकी तैयारी में डायवर्सिफिकेशन होना चाहिए। केवल वही चार किताबें जो सब पढ़ रहे हैं, वही पढ़ने से काम नहीं चलेगा। आपको कुछ और सोर्सेस तक जाना पड़ेगा। ये सोर्सेस केवल प्रिंटेड सोर्सेस नहीं होंगे। इनमें आपको दूसरे तरह के ऑनलाइन सोर्सेस पर जाना पड़ेगा। दूसरों के नोट्स पर जाना पड़ेगा। इन सब चीज़ों से आप एक संतुलित डायवर्सिफाइड किस्म का अपना मटेरियल तैयार कर सकते हैं।

अब चौथी बात- **तैयारी इंपॉर्टेंट है लेकिन यह पूरी ज़िंदगी नहीं है।** इसलिए जिस दौरान आप तैयारी में हैं उस दौरान भी आपको बैलेंस्ड लाइफ स्टाइल मेंटेन करना पड़ेगा। ऐसे में आप केवल पढ़ नहीं रहे होंगे, ज़रूरत भर सो भी रहे होंगे, आप एक्सरसाइज़ कर रहे होंगे, खाना बना-खा रहे होंगे, सोशल लाइफ का भी कुछ हिस्सा जी रहे होंगे। कुल मिलाकर आपकी ज़िंदगी में एक किस्म का बैलेंस लाइफस्टाइल होना चाहिए। थोड़ा बहुत समय मनोरंजन या हॉबीज़ के लिए रखें। हॉबीज़ परीक्षा की तैयारी के लिए इंपॉर्टेंट है, क्योंकि यह आपको संतुलित बनाये रहती हैं। हॉबी की वजह से आपकी पढ़ाई का आउटपुट ज़्यादा हो जाता है, यह आपको तपस्या जैसी नहीं लगती, बल्कि इसमें आनंद आना शुरू होता है। आप खेल का भी इंतजार कर रहे होते हैं, पढ़ाई का भी इंतजार कर रहे होते हैं और दोस्तों से मिलने का भी। यह बैलेंस अपनी स्टडी पर लंबे समय तक फ़ोकस बनाये रखने के लिए ज़रूरी है।

पाँचवीं बात- **प्लान B होना चाहिए**। मोटिवेशनल स्पीकर कहेंगे कि सारे विकल्पों को छोड़कर सिर्फ़ यूपीएससी पर फ़ोकस करो। यह बात सुनने में अच्छी लगती है। लेकिन सच्चाई यह है कि '100% सिलेक्शन गारंटीड' से बड़ा झूठ कुछ नहीं है। अगर आप सही दिशा में मेहनत करेंगे तो उसका परिणाम मिलेगा ही लेकिन 100% सिलेक्शन गारंटीड वाले सपने को मत पालिए। यानी कि जैसा मैं हमेशा कहता रहा हूँ **आपको प्लान B ज़रूर रखना चाहिए।** इससे भटकाव के बजाय प्लान A में भी सफलता का चान्स बढ़ जाता है। क्योंकि अगर आपके पास कोई और विकल्प भी हो तो आप जानते हैं कि सिलेक्शन न होने से आपकी ज़िंदगी समाप्त नहीं हो जाएगी। ऐसे में आपका 'फीयर ऑफ फेलियर' कम हो जाता है। यह आपको कॉन्फिडेंस देता है।

छठी बात- **यूपीएससी की तैयारी शुरू करने से पहले फाइनेंशियल प्लानिंग के बारे में भी सोचें**। आप अबतक समझ चुके होंगे कि यह दो-चार महीने का मामला नहीं है। यह मामला दो साल ढाई साल का है। तो इसे लेकर आपकी वित्तीय योजनाएँ क्या हैं; पैसा कहाँ से आने वाला है? आप इसे अफोर्ड कर पाएँगे? मान लीजिए आप दिल्ली जैसे शहर में आते हैं। दिल्ली में खाने का खर्चा, रहने का खर्चा, पढ़ाई का खर्चा, कोचिंग का खर्चा, किताबों का खर्चा... ये अच्छा-ख़ासा खर्च है। क्या आपने इसके लिए कोई योजना बनायी है? या आप ये मान रहे हैं कि दो महीने का पैसा मेरे पास है उसके बाद देख लेंगे? क्योंकि आपकी प्रतियोगिता सिर्फ़ आप जैसी आर्थिक स्थिति वाले लोगों के साथ नहीं है। आपकी प्रतियोगिता में बहुत से लोग ऐसे होंगे जिनकी आर्थिक स्थितियाँ आपसे बेहतर होंगी। वो निश्चिंत होकर तैयारी पर फ़ोकस कर पाएँगे, लेकिन आपको इस पहलू पर भी सोचना होगा। जिस परिवार से आप आते हैं वो परिवार बाकी सदस्यों की अपेक्षा आप पर कितनी देर तक पैसे खर्च कर पाएगा। इन सबका निश्चित रूप से तैयारी पर असर पड़ेगा। इसलिए ऑब्जेक्टिव तरीके से इसपर सोचें।

एस्पिरेशन और ज़मीनी हकीकत के बीच एक किस्म का बैलेंस लाइए। क्योंकि सब पर इसकी मार बराबर नहीं पड़ती। जिन लोगों ने यह संतुलन साध रखा है, उनके लिए रास्ता रिलेटिवली आसान होगा। अगर आपने यह संतुलन नहीं साधा हुआ है तो आपके लिए मुश्किल होगा। क्योंकि अंततः यूपीएससी की परीक्षाओं को लेकर आपके गोल्स रियलिस्टिक होने चाहिए। यह एक ऑप्शन है, एक मात्र ऑप्शन नहीं है। आपका स्वास्थ्य, फिजिकल एंड मेंटल, आपकी सोशल लाइफ, आपका परिवार, आपका बैकग्राउंड ये सारी चीज़ें मैटर करेंगी। क्योंकि यह एक मैराथन है। इस संघर्ष में उतरने से पहले इस सब पर सोच लेना चाहिए। किसी युद्ध में कूदने के बाद आप हथियार खरीदना शुरू नहीं करते। इसका प्लान युद्ध शुरू होने के पहले बनाना चाहिए।

> दौड़ की फिनिशिंग लाइन बराबर होने से दौड़ बराबर नहीं हो जाती। क्योंकि दौड़ में हर धावक की स्टार्टिंग लाइन दुर्भाग्य से अलग-अलग होती है।

अपनी स्टार्टिंग लाइन का असेसमेंट कीजिए। आपको अपनी स्ट्रेंथ और वीकनेस पता होनी चाहिए। स्ट्रेन्थ को बनाये रखिए और वीकनेस पर काम कीजिए। अपनी वीकनेस से पार पाने के लिए आपकी रणनीति क्या है, यह भी सोचें। दौड़कर, कूदकर, छलांग लगाकर कहीं पहुँचने की कोशिश मत कीजिए। ज़मीनी रहिए, रियलिस्टिक रहिए। यूपीएससी टफ है लेकिन अगर आपकी अप्रोच सही है तो तैयारी से चीज़ें हासिल कर रहे होंगे, आप में नयी क्षमताएँ आ रही होंगी। आप इस प्रक्रिया में कुछ लूज नहीं करेंगे। आप उतना ही बेहतर करेंगे जैसे आप सिविल सर्वेन्ट बनने के बाद करते।

अगर चयन होगा तो वह सारी चीज़ें मिलेंगी जिसकी आपने कामना की थी और सिलेक्शन नहीं हुआ तो वह सब आपके पास होगा जिसकी आपने तैयारी की थी।

इस रास्ते में हार और कुछ खोने जैसी कोई चीज़ नहीं है।

अगर अपने दिमाग की क्षमता देखनी है
तो माइन्ड मैपिंग का इस्तेमाल कीजिए।
अगर इस क्षमता को बढ़ाना है
तो अपनी माइन्ड मैपिंग तकनीक को बेहतर कीजिए।

अध्याय - 4

माइंड मैपिंग: रटने से आज़ादी

अपनी क्लास में मैं जयशंकर प्रसाद का महत्त्वपूर्ण नाटक 'जनमेजय का नागयज्ञ' पढ़ा रहा था। यह बीकॉम के विद्यार्थियों की कक्षा थी, साहित्य जिनका प्रमुख विषय नहीं होता। अगर आप यह नाटक पढ़ें तो पाएँगे कि यह कई मामलों में जटिल नाटक है। इस छोटे से नाटक में लगभग 30-35 पात्र हैं। विद्यार्थी आमतौर पर नाटक के पात्र ही नहीं पकड़ पाते थे। आज उन्हें जन्मेजय बता दिया, वासुकी बता दिया, तक्षक बता दिया लेकिन अगले दिन सब दिमाग से गायब हो जाता था। विद्यार्थियों को इसमें ख़ासी दिक्कत आ रही थी। अंततः विद्यार्थियों को समझाने के लिए मुझे एक तरीका निकालना पड़ा। मुझे एक पूरी कक्षा इसी बात पर लेनी पड़ी। मैंने ब्लैक बोर्ड पर बाकायदा पात्रों को अलग-अलग लिखकर एक डायग्राम बनाया। चूँकि पात्र ज़्यादा थे इसलिए यह डायग्राम लगभग मानचित्र जैसा लगने लगा।

विद्यार्थियों ने इस मानचित्र को अपनी कॉपी पर दर्ज कर लिया या तस्वीर ले ली। उसके बाद उस क्लास में मुझे इस नाटक को डिस्कस करना आसान हो गया। इस तरीके को बहुत सारे लोग इंफोग्राफिक्स भी कहते हैं। लेकिन मैं अभी इंफोग्राफिक्स की बात नहीं कर रहा हूँ। हम दिमाग के काम करने के तरीके पर बात करने वाले हैं। अगर एक फ्रेज में कहना हो तो इसे 'माइंड मैपिंग' कह सकते हैं। माइंड मैपिंग क्या चीज़ है, और इसकी ज़रूरत क्यों पड़ती है, यही समझाने के लिए मैंने इस नाटक का उदाहरण दिया।

आप अपने किसी कॉन्सेप्ट के बारे में सोचिए। कितनी बार यह होता है कि अलग-अलग आपको छोटे-छोटे कॉन्सेप्ट समझ में आते हैं। लेकिन जब उनके आपसी संबंध की बात आती है, जब एक कॉन्सेप्ट दूसरे कॉन्सेप्ट के निकट आना शुरू होता है, उसको काटना शुरू करता है और उससे तीसरा या चौथा या पाँचवाँ कांसेप्ट निकलता है, तब हमारा दिमाग पतंग की डोरियों की तरह उलझ जाता है। अलग-अलग कॉन्सेप्ट समझ आने के बावजूद, कॉन्सेप्ट के इंटरप्ले पकड़ में नहीं आते। कॉन्सेप्चुअल चीज़ों में तो ऐसा लगातार होता है।

इससे निपटने के लिए जो तकनीक सबसे कारगर है उसे हम माइंड मैपिंग कहते हैं। माइंड मैपिंग क्या चीज़ है, इसे समझने के लिए आपको समझना पड़ेगा कि हमारा दिमाग चीज़ों को कैसे समझता है?

हमारा दिमाग जब एक या दो चीज़ों को समझता है तो उसे सीधे ग्रहण करने में कोई दिक्कत नहीं होती। लेकिन जब किसी जटिल चीज़ को समझना होता है तो उसे समझने का उसके पास एक ही तरीका है– वह उसे छोटे-छोटे टुकड़ों में तोड़ता है। और फिर उन टुकड़ों के आपसी संबंध को याद रखता है। वह इस बात को याद रखता है कि इनका आपस में क्या संबंध है। इसका मतलब अगर आप अपने दिमाग को समझा पाएँ कि कॉन्सेप्ट A का कॉन्सेप्ट B से और B का C से क्या संबंध है और फिर इसी तरह C का A से तो इस तरीके को माइन्ड मैपिंग कहते हैं। यह लगभग वही तरीका है, जो कंप्यूटर प्रोग्रामिंग में इस्तेमाल होता है। प्रोग्रामर किसी बड़े प्रोज़ेक्ट को पहले छोटे-छोटे हिस्से में तोड़ता है फिर उनके आपसी संबंध के हिसाब से जोड़ता है। इसका इस्तेमाल आप अपनी तैयारी में कर सकते हैं। इसे माइंड मैपिंग कहते हैं।

मान लीजिए कि आप कॉलेज में फ्रेशर पार्टी आयोजित करना चाहते हैं। इस फ्रेशर पार्टी के कई सारे पक्ष होंगे। आपको इन्विटेशन भेजना होगा। आपको भोजन की तैयारी करनी होगी। आपको डेकोरेशन की तैयारी करनी होगी। आपको प्रशासन से अनुमति लेनी होगी। ये सब अलग-अलग छोटे-छोटे टास्क हैं।

केंद्रीय टास्क पार्टी आयोजित करना है। उसके साथ आने वाले सब-टास्क प्रशासन से मंजूरी लेनी, सजावट और भोजन के लिए एक टीम बनानी

है, इन्विटेशन के लिए टीम बनानी। ये छोटे-छोटे सब-टास्क हो गये। इन सब-टास्क के और सब- 'सब-टास्क' हो सकते हैं। इस तरीके से आप एक काम को छोटे-छोटे छोटे कामों में तोड़ते हैं। यदि संभव हो तो इनका एक मानचित्र बना लेते हैं, जिसके केंद्र में मुख्य टास्क है और उससे निकल रहे छोटे-छोटे टास्क होते हैं।

इसी तरह मान लीजिए आप किसी प्रतियोगी परीक्षा की तैयारी कर रहे हैं। आपको बहुत कम समय में बहुत सारी चीज़ों और संकल्पनाओं को याद रखना होता है, उनके बीच के संबंधों को खोजना होता है। यह काम आप केवल शब्दों में नहीं कर सकते। क्योंकि हमारा दिमाग शब्दों में नहीं छवियों, चित्रों व ध्वनियों में सोचता है। इसलिए आप पूरी किताब पढ़ने के बावजूद उसकी आधारभूत बातें भी भूल जाते हैं। जो चीज़ें याद रहती हैं, वो सामान्यतः कुछ शब्द, चित्र या छवियाँ होती हैं। इसका मतलब यह है कि अगर हम उस किताब को छोटे-छोटे विषयों में बाँटकर चित्रों में बदल लें तो दिमाग के लिए चीज़ें आसान हो जाती हैं।

पहले मुख्य विषय को पहचानिए। दूसरा उस विषय को छोटे-छोटे उप-विषयों में तोड़िए। और इन हिस्सों का मुख्य विषय के साथ या आपस में क्या संबंध है, इसे ड्रॉ कीजिए। अगर आप ऐसा कर पाये तो देखेंगे कि आपके पास एक माइंड मैप तैयार हो रहा है।

माइंड मैप क्यों ज़रूरी है? पहली बात, इससे आपकी लर्निंग इफेक्टिव बनेगी। दूसरी बात, कॉम्प्लेक्स चीज़ों को याद रखने की अवधि बढ़ जाएगी। तीसरा, पाएँगे कि आपने दिमाग में एक ऐसा मानचित्र तैयार किया हुआ है जो आपको सीखने में सुविधा दे रहा है। ऐसा इसलिए ज़रूरी है क्योंकि हम ऐसे समय में पहुँच गये हैं जहाँ कांसेप्ट लगातार जटिल होते जा रहे हैं। अगर हम इस परीक्षा की पूरी संकल्पना को देखें तो पाएँगे कि यह परीक्षा आपकी याददाश्त की नहीं, आपकी समझदारी की है। इसलिए जो चीज़ें आप पढ़ते हैं उन्हें आपकी समझ का हिस्सा होना चाहिए। मसलन यदि आप पॉलिटी पढ़ रहे हैं, आप निबंध लिख रहे हैं, कोई समस्या सॉल्व करने की कोशिश कर रहे हैं या आपको किसी टीम या कॉन्फ्रेंस में अपनी बात रखनी हो तो याददाश्त काम नहीं आएगी। ऐसी स्थिति में उस बात के विभिन्न पक्षों की जानकारी होनी चाहिए। ऐसे में एक तकनीक कारगर होती है- माइंड मैपिंग।

एक आदत की जगह दूसरी आदत रखना सीख लें।

अध्याय - 5

आदतों का ट्वेंटी सेकेंड्स रूल

सर, देर तक सोने की आदत है, क्या करें! सर, लिखकर पढ़ने की आदत नहीं है! सर, बार-बार फ़ोन देखने की आदत है! ये ऐसे सवाल हैं, जो मुझे अक्सर सुनने पड़ते हैं। इस प्रश्नों पर ध्यान दें तो विद्यार्थी लगातार एक रुचिकर चीज़ से टकरा रहे हैं और वह चीज़ है- आदत।

आदतें हमारी ज़िंदगी को लगातार प्रभावित कर रही हैं। हमारी सफलताओं को प्रभावित कर रही हैं, हमारी असफलताओं का कारण बन रही हैं। बहुत सारे विद्यार्थियों को लगता है कि उनका चयन उनकी कुछ बुरी आदतों की वजह से नहीं हुआ। कुछ को लगता है कि अगर उनकी कुछ अच्छी आदतें होतीं तो वे अधिक सफल हुए होते। किसी को मोबाइल फोन की आदत हो गई, किसी को नशे की। हम यह समझने की कोशिश करेंगे कि कुछ वांछनीय आदतें या हैबिट्स कैसे पायी जाएं या कुछ अवांछनीय आदतों से कैसे बचा जाए। इस अध्याय में हम इन्हीं चीज़ों पर बात करने वाले हैं। अगर आप आदत की यह गुत्थी सुलझा लें तो आपकी ज़िंदगी की

कई सारी समस्याओं का समाधान हो सकता है। तो, सबसे पहले यही कि आदत है क्या?

आदत का मतलब हमारा वह व्यवहार है, जिसे हम नियमित तौर पर दोहराते हैं, लेकिन उसके लिए हमें सोचना नहीं पड़ता। आपने साइकिल ज़रूर चलायी होगी। आपको याद होगा कि शुरुआत में आप कई बार गिरे लेकिन एक बार सीखने के बाद आपको उसकी आदत पड़ गयी होगी। अब आपको किसी सेंट्रिपेटल या सेंट्रीफ्यूगल फोर्स का ध्यान नहीं रखना पड़ता। पैडल मारने और हैंडल सीधा रखने का ध्यान नहीं देना पड़ता। यह सब स्वतः ही होने लगता है। इसी तरह बोलना, हमारी आदत है। निश्चित तौर पर इसमें व्याकरण और उच्चारण के बहुत सारे नियम हैं, लेकिन क्या बोलने के लिए किसी नियम को याद करना पड़ा! नहीं। क्योंकि बोलना मूलतः एक आदत है। ठीक वैसे जैसे पक्षियों के लिए उड़ना या मछलियों के लिए तैरना एक आदत है। तो कुल मिलाकर आदत का मतलब है हमारा वह व्यवहार, जिसके लिए हमें अलग से सोचना न पड़े। बल्कि बार-बार दोहराव के चलते वह स्वतः हो जाए। अपने आप होने वाली ऐसी बहुत-सी चीज़ें आपको याद होंगी। मसलन सुबह उठकर आप ब्रश करते हैं, यह आदत है। सुबह उठकर आप चाय पीते हैं, यह भी आदत है। यहाँ तक कि कुछ लोग अगर सुबह पूजा न करें तो अच्छा महसूस नहीं करते, यह भी आदत ही है।

आदत को समझने के लिए आदत बनने की प्रक्रिया और उसके काम करने के तरीके को समझना पड़ेगा। कई सारी आदतों को आप अपनी ज़िंदगी में लाना चाहते हैं, लेकिन नहीं आतीं। जैसे पढ़ने-लिखने की आदत। कई ऐसी आदतें हैं, जो आप में आ गयी हैं, लेकिन आप उनसे छुटकारा पाना चाहते हैं। मसलन आप स्मोकिंग करते हैं, ड्रिंक करते हैं या आपको किसी और नशे की आदत है। मैं यह दावा नहीं कर रहा कि यह चैप्टर आपको

एडिक्शन-फ्री कर देगा। इसका उद्देश्य आपको सिर्फ़ ये समझाने की कोशिश है कि आदतें हैं क्या और उनसे छुटकारा कैसे पाया जाता है।

आदत के पहले चरण को हम ट्रिगर या क्यू कहते हैं। ट्रिगर का मतलब एक ऐसा सिग्नल है, जिसमें हमारा मस्तिष्क हमें ये बताता है कि आपको ऐसा करने की ज़रूरत है। शुरुआत में दो-चार दिन करना पड़ता है। यह आदत का बिल्कुल शुरुआती चरण है। अगर आपको याद हो कि सुबह जब अलार्म बजता है तो आपकी आँख खुल जाती है। बल्कि आपने नोटिस किया होगा कि अलार्म बजने से ठीक पहले ही आपकी आँख खुल जाती है। बायोलॉजिकली, आपके दिमाग को एक आदत हो चुकी है, वह उसके अनुसार व्यवहार करता है। लेकिन ट्रिगर या क्यू सबसे इंपॉर्टेंट है। क्योंकि यहीं से आदतों का चक्र या 'लूप ऑफ हैबिट्स' शुरू होते हैं। इसके बिना कोई नयी आदत बन नहीं सकती। अतः इस ट्रिगर को पहचाने बिना आप उस पुरानी आदत को छोड़ भी नहीं पाएंगे। ये तो हुआ पहला चरण।

दूसरे चरण में वह एहसास आता है, जिसे हम क्रेविंग कहते हैं। क्रेविंग बहुत सामान्य शब्द है। इसे आपने अक्सर मिठाई के लिए या चाय के संदर्भ में सुना होगा। यानी अगर आपकी यह आदत पूरी न हो पा रही हो तो ज़िंदगी में कुछ कमी लगती है। अंदर से एक हूक पैदा होती है कि आप ऐसा करना चाहते हैं। इसी को क्रेविंग कहते हैं।

केविंग कई वजह से हो सकती है। क्रेविंग इस तरह की भी हो सकती है कि कोई चीज़ आपको अपनी पहचान के लिए ज़रूरी लगती हो। यह ऐसी चीज़ हो सकती है, जिसे आप बदलना चाहते हों, लेकिन बदल न पा रहे हों। क्योंकि आपको उसकी क्रेविंग होती है। आप नहीं चाहते चाय पीना लेकिन उसके बावजूद आपकी बॉडी आपको ये सिग्नल देती है कि आपको ऐसा करना चाहिए। आपमें एक हूक, एक हुड़क पैदा होती है। आपको एक तरह

की प्यास लगती है। इसे करने के बाद आपको इसका जो रिस्पाँस मिलता है, उसे आप सैटिस्फैक्शन कहते हैं। चाहे आप महसूस करें या न करें लेकिन आपको उसका जो फल मिलता है, वह इस चक्र को पूरा करता है। इस वजह से आप रोज़ाना फिर इस प्रक्रिया में शामिल रहते हैं।

आप इस पूरी प्रक्रिया को कुछ उदाहरणों से शुरू कर सकते हैं। मान लीजिए आपके पास डेटशीट आ गयी। अब तक आप सामान्य ज़िंदगी जी रहे थे; थोड़ा बहुत पढ़ रहे थे, नहीं भी पढ़ रहे थे, लेकिन अब आ गयी डेटशीट। यह डेटशीट एक ट्रिगर है, यह एक क्यू है। जो बता रही है कि भाई अब परीक्षा आ गयी है। अगर आप गंभीर विद्यार्थी हैं तो उस डेटशीट को सामने चिपका लेंगे। फिर धीरे-धीरे आप उसके लिए पढ़ने की कोशिश करेंगे। आपके अंदर एक तरह की क्रेविंग पैदा होगी। आपको लगेगा कि अच्छे अंक लाने हैं। आपको पढ़ना चाहिए। दूसरा पढ़ रहा है, मैं नहीं पढ़ रहा हूँ। इसकी शुरुआत कैसे होती है? आपको ख़ुद को मोटिवेट करना होगा और पढ़ने की आदत डालनी होगी। वह शुरू हो जाएगी। अब एक अच्छी आदत आपको पड़ गयी। और हो सकता है कि प्रतिफल के तौर पर आपके अच्छे अंक आएँ और एक साइकिल पूरा हो जाए। अगले साल ऐसा करने में आपको कम मेहनत करनी पड़ेगी। डेटशीट के समय आप लगभग तैयार होंगे।

यह पूरी प्रक्रिया बहुत ही इंटरेस्टिंग है। साइकोलॉजी के लिए यह कोई नयी चीज़ नहीं है। आप समझ सकते हैं कि साइकोलॉजी क्यों इसमें इंटरेस्टेड है। क्योंकि पूरा का पूरा बाज़ार इसी प्रक्रिया पर आधारित है। आप पाएँगे कि कितने सारे उत्पाद और सेवाएँ ऐसी हैं, जिनके बने रहने के लिए, जिनके चलने के लिए बहुत ज़रूरी है कि आपको उन चीज़ों की आदत डाली जाए। कई बड़े कॉर्पोरेट हाउसेज़ ने अपने पूरे के पूरे एंपायर को इसी आदत के बूते

पर खड़ा किया है। कहा जाता है कि दिल्ली में घंटाघर के पास कोई चाय नहीं पीता था। लेकिन अंग्रेजों के समय में जब भारत में चाय के बागान लगाये गये तो चाय की खपत बढ़ानी थी। अब चाय की खपत बढ़ाने के लिए भारत के लोगों को चाय की आदत डालनी ज़रूरी थी। जबतक भारत के लोग चाय नहीं पीने लगे तबतक दिल्ली के घंटाघर के पास बाक़ायदा चाय मुफ्त बाँटी जाती थी। ज़ाहिर है शुरुआत में चाय लोगों को कड़वी लगी। उन्हें पसंद नहीं आयी। लेकिन धीरे-धीरे उस कैफीन ने आपके मन में वो ट्रिगर पैदा किया। धीरे-धीरे लोगों को उसका स्वाद लग गया। यह चाय, कॉफी, अल्कोहल, कोका कोला सब पर लागू होता है। ये तमाम किस्म के ऐसे उत्पादों पर लागू होता है जिनकी शायद न्यूट्रिशनल वैल्यू कुछ ख़ास नहीं है लेकिन वे आदत हैं। इसका मतलब है कि कॉर्पोरेट वर्ल्ड यह जानना चाहता है कि आदतें लगती कैसे हैं?

जब आप इस हैबिट के अगले चरण तक पहुँचते हैं तो यह एडिक्शन बन जाता है। कहा जाता है आदत से शुरू हुई चीज़ अंततः एडिक्शन की तरफ जाती है। आप जानते हैं कि सिगरेट के पैकेट पर कैंसर का इतना बड़ा और विरूपित चित्र होता है, लेकिन लोग पीना नहीं छोड़ते।

मनोवैज्ञानिक स्किनर ने एक शानदार एक्सपेरिमेंट किया। स्किनर शिक्षाशास्त्र के पाठ्यक्रम में पढ़ाये जाते हैं। माना जाता है कि स्किनर ने चूहे पर एक्सपेरिमेंट किया।

एक छोटी-सी चूहेदानी है, जिसमें वह चूहा यों ही दौड़-भाग रहा है। लेकिन किसी बार ग़लती से एक लीवर दबता है और जब लीवर दबता है तो लीवर दबने से एक दाना ट्रे इसके अंदर आता है। उसे खाना मिलता है। जब उसे एक बार यह समझ में आना शुरू होता है तो दूसरी बार, तीसरी बार, चौथी बार होते-होते उसे समझ में आ जाता है कि इस लीवर को दबाने से

खाना आता है। वह उस लीवर को दबाता है और खाना मिलता है। बाद में अगर खाना या यह रिवार्ड मिलना बंद भी हो जाए तब भी उसकी आदत उसे दबाने की बनी रहती है।

सामान्य स्थितियों में यह आदतों को समझने में बहुत कारगर है। इस एक्सपेरिमेंट के ज़रिये समझा गया कि हम विद्यार्थियों को भी इसी प्रक्रिया से सिखाते हैं। हम तमाम लोगों को सिखाने के लिए या आदत डालने के लिए इस एक्सपेरिमेंट का इस्तेमाल करते हैं। और ये जो **ट्रिगर–रिवार्ड–रिपीट** ये TRR का सिद्धांत है। इसका इस्तेमाल लोगों के व्यवहार में परिवर्तन लाने के लिए किया जाता है।

सवाल यह है कि इसका आपके लिए क्या महत्त्व है। ऐसे प्रश्नों को हम दो कैटेगरी में बाँट सकते हैं। पहली आदतें वो हैं, जिनसे छुटकारा पाना चाहते हैं। दूसरी तरह की वो आदतें हैं, जिन्हें डालना चाहते हैं।

अगर आप यह करना चाहते हैं तो आपको इस ट्रिगर– रिवार्ड – रिपीट के सिद्धांत को समझना पड़ेगा। सबसे ज़रूरी है कि आप अपने उस ट्रिगर को समझिए। मान लीजिए आप एक आदत से छुटकारा पाना चाह रहे हैं। जिस भी चीज़ की आपको आदत है, वह शुरू कहाँ से होती है, उस ट्रिगर को पहचानिए। सबसे पहले तो आपको इस डिनायल से बाहर आना होगा कि आपको किसी चीज़ की आदत है या नहीं है। अपनी अच्छी-बुरी 10 आदतें लिख लीजिए। इसलिए पहले तो इसे पहचानें। इससे आपके समय का नुकसान हो सकता है। इससे आपके स्वास्थ्य का नुकसान हो सकता है। आपकी सफलता की दर कम हो सकती है। इसकी वजहों को अगर आप समझ पाये तो ज़्यादा संभावना है कि कोई बुरी आदत ही निकलकर आएगी। ऐसा करते हुए आपको उसका ट्रिगर पॉइंट समझ में आना शुरू होगा।

20 सेकंड रूल: मैं आपको एक शानदार टेक्नीक बताता हूँ। किसी आदत को डालने या उससे बचने के इस तरीके को हम 20 सेकंड रूल कहते हैं। जिस समय आपका मन किसी चीज़ को करने का कह रहा हो और वह चीज़ सहज उपलब्ध है तो ज़्यादा संभावना है कि आप उसे करेंगे। यानी कि आपकी आदत को ट्रिगर होने के लिए 20 सेकंड का समय चाहिए।

अब तो विद्यार्थियों को टेलीविजन देखने की इतनी आदत नहीं है लेकिन एक समय में टेलीविजन की आदत एक बड़ी परेशानी थी। आप जानते होंगे कि हॉस्टल्स में टेलीविजन का कॉमन कमरा होता है। तो दिल्ली विश्वविद्यालय के हॉस्टल में टीवी नीचे कॉमन रूम में हुआ करता था। जो विद्यार्थी उस कमरे के आसपास रहते थे उनमें टेलीविजन देखने की आदत पड़ने की संभावना ज़्यादा होती थी। जो उससे सबसे दूर रहते थे उनमें इस आदत की संभावना सबसे कम होती थी। हमें बड़ी हैरानी होती थी कि सत्र के शुरुआत में, जिनको टेलीविजन देखने की आदत थी वो विद्यार्थी, बाकायदा वार्डन की खुशामद करते थे कि उनको टेलीविजन रूम के पास वाला कमरा दिया जाए। अगर दूर वाला कमरा हो तो क्या होगा? मान लीजिए टेलीविजन देखने का मन किया, ट्रिगर आया, लेकिन टेलीविजन इतनी दूर है कि वहाँ तक पहुँचने में समय लगेगा, आलस्य आयेगा, तब हो सकता है कि चार में से एक बार व्यक्ति उठकर टेलीविजन देखने जाए और बाकी तीन बार उसे छोड़ दे। यानी कि जिस काम की क्रेविंग पैदा हुई और उसे आप 20 सेकेंड में कर सकते हों तो करने का चान्स बढ़ जाता है। मसलन मान लीजिए आप अपने फ़ोन से परेशान हैं। बार-बार आप फ़ेसबुक और इंस्टाग्राम देखते हैं तो इसे अनस्टाल कर लीजिए। अब भी आप देख सकते हैं लेकिन आपको या तो ब्राउज़र पर जाकर लॉगइन करना होगा या फिर ऐप को दुबारा इंस्टॉल करना होगा। ज़्यादा संभव है कि इसमें लगने वाले समय के चलते आप इसे इग्नोर

कर जाएं। और यह भी संभव है कि जब आप कुछ बार ऐसा कर लें तो आप अपनी इस आदत को जीत लें या फिर यह हल्की होते-होते चली ही जाए।

अगर आप कोई पॉजिटिव आदत डालना चाहते हैं तो आपको सुनिश्चित करना पड़ेगा कि आदत का ट्रिगर पैदा होते ही आप उसे तत्काल शुरू कर सकें। उसे 20 सेकंड टालना न पड़े। मसलन मान लीजिए कि आप यह किताब पूरी पढ़ना चाहते हैं तो यह किताब आपके मेज पर मौजूद होनी चाहिए। फिर जैसे ही आपके मन में ट्रिगर आयेगा, जैसे ही किताब पढ़ने का ख्याल आयेगा तुरंत आप किताब उठाएँगे। ज़्यादा संभावना है कि धीरे-धीरे आपको यह आदत लग जाएगी।

कोशिश करें तो आप इस '20 सेकंड रूल' से ट्रिगर के स्तर पर आदत को कंट्रोल कर सकते हैं। जिन आदतों से आप छुटकारा पाना चाहते हैं, उनके ट्रिगर्स को थोड़ा-सा मुश्किल बना दीजिए। जिनको आप हासिल करना चाहते हैं, उनके ट्रिगर्स को थोड़ा-सा आसान बना लीजिए। और इसके आप फिजिकल तरीके अपना सकते हैं। ये वही तरीके हैं, जो हमारे पैरेंट्स ने हमारे साथ अपनाये थे। जब हम ऐसा कुछ काम करते, जिसे हमारे पेरेंट्स पसंद नहीं करते थे तो वो आपके लिए वह काम करना मुश्किल बनाते थे; जैसे टेलीविजन का कनेक्शन काट देना या इस किस्म की दूसरी चीज़ें करना। यह सब आपको ध्यान होना। बस यही काम आपको ख़ुद के साथ करना है।

यह 20 सेकेंड आपको बदल सकता है

आदत को आदत से रिप्लेस करें: जब हम आदत को आदत से रिप्लेस करते हैं तब हमारे दिमाग को एक तरह का मुआवज़ा मिल रहा होता है। क्योंकि दिमाग एक बहुत शातिर चीज़ है। वह बेमतलब चीज़ें छोड़ने को तैयार नहीं

होता क्योंकि आदत मस्तिष्क के लिए एक महत्त्वपूर्ण बौद्धिक आलस्य का सृजन करती है। मैंने शुरुआत में बताया कि आदत ऐसी चीज़ है, जिसमें हमें दिमाग नहीं लगाना पड़ता। इसका मतलब क्या है? दिमाग को आराम मिलता है। इसलिए आदतन की जाने वाली चीज़ों की जगह ऐसी कोई और चीज़ रखनी चाहिए जिसमें श्रम न लगे। दिमाग को धोखा देने के लिए एक आदत को हटाकर उसकी जगह श्रम रखने के बजाय एक दूसरी आदत रखनी चाहिए। हालाँकि ये ध्यान रखिएगा, जिन्हें हम नेगेटिव आदतें कहते हैं, वे हमेशा आपको आनंद दे रही होती हैं। जिन्हें हम पॉजिटिव आदतें कहते हैं, वे हमेशा आपसे श्रम की उम्मीद कर रही होती हैं इसलिए यह प्रतिस्थापन हमेशा आसान नहीं होता।

अपने मोटिवेशन की ज़िम्मेदारी किसी और को मत दीजिए। टॉपर्स के मोटिवेशन के प्लान को फॉलो करने के बजाय अपने मोटिवेशन का प्लान ख़ुद तैयार कीजिए।

अध्याय - 6

मोटिवेशन का MAGIC

अगर आप सिविल सेवा की तैयारी कर रहे हैं, चाहे वह यूपीएससी लेवल पर हो या स्टेट सिविल सर्विसेज़ के लेवल पर, तो आप जानते होंगे कि यह एक लंबी परीक्षा है। किसी को तीन साल, चार साल तो कुछ लोगों को पाँच या आठ साल तक लग सकते हैं। ऐसे में, इतने लंबे समय तक मोटिवेशन बनाये रखना एक चुनौती है। इसीलिए मैं हमेशा कहता हूँ कि पहले अच्छे से सोच लीजिए कि आपको यह करना भी है या किसी व्यक्ति या फिर सामाजिक रूप से थोपी हुई इच्छा और कामनाओं के दबाव में यह करना चाहते हैं। इच्छा नाम की यह चीज़ आपको जितनी निजी बात लगती है, उतनी होती नहीं। हमारी इच्छाएँ सामान्यतः पारिवारिक या सामाजिक अपेक्षाओं या लोकप्रिय जनमाध्यमों द्वारा गढ़ी जाती हैं। अगर सिविल सेवा में जाने की आपकी इच्छा किसी विकल्पहीनता या इसी तरह की बाहरी दबावों से पैदा हुई है तो आप लंबे समय तक टिक नहीं पाएँगे। इसलिए बेहतर है कि इसमें प्रवेश करने से पहले ठीक से समझ लें कि आपकी इच्छाओं में कितना बल है। क्योंकि लड़ाई लंबी चल सकती है। लेकिन अगर आप इसमें शामिल हो चुके हैं तो आपको कुछ ऐसी तकनीक अपनानी पड़ेगी ताकि इस लंबी परीक्षा के

लिए अपना मोटिवेशन बनाये रख सकें। यह कैसे होगा? ऐसा तो है नहीं कि एक दिन आपने 16 घंटे पढ़ लिया और अगले दिन आपको आराम मिलने वाला है। यह तो आपको सप्ताह-दर-सप्ताह कई साल तक करना है। तो, क्या तरीका अपनाएँ कि आपका मोटिवेशन बना रहे?

चर्चा शुरू करने से पहले यह गाँठ बाँध लें कि मोटिवेशन ONE-SIZE-FITS-ALL प्रक्रिया नहीं है। हर व्यक्ति की प्रेरणा के स्रोत और ज़रूरतें अलग होती हैं। कोई दूसरों की सफलता से प्रेरणा पाता है, तो किसी के लिए ख़ुद की प्रगति और छोटे-छोटे लक्ष्य ही सबसे बड़ा मोटिवेशन होते हैं। आपको ख़ुद इस बात की तलाश करनी होगी कि जो चीज़ें मैं आपको बताऊँगा, उनमें से कौन-सी चीज़ आप पर काम करेगी। उसके तहत आप ख़ुद को मोटिवेट रखने की कोशिश करें। अब हम उन फ़ैक्टर्स पर बात करेंगे, जिनसे आप ख़ुद को लंबे समय तक मोटिवेट रख सकते हैं।

मैं मोटिवेशन के इन फैक्टर्स को पाँच उंगलियों यानी कि पंजे की तरह मानता हूँ। ताकि जब भी अपना हाथ देखें तो आपका दिल, दिमाग और अवचेतन एक्टिवेट हो जाए। किसी ने इसे एक बार समझ लिया तो हर बार ध्यान से हाथ देखते ही एक जादू-सा घटित होता है। मनुष्य के हाथों का विकास स्वयं में ही एक चमत्कार की तरह है, जिसने उसे अन्य जीवों से अलग और विशिष्ट बना दिया। हमारे पूर्वज जब चार पैरों पर चलते थे, तब हाथ भी चलते रहने के साधन थे। लेकिन धीरे-धीरे, जैसे ही मनुष्य ने दो पैरों पर चलना शुरू किया, हाथ स्वतंत्र हो गये, और इस स्वतंत्रता ने मनुष्य की संभावनाओं का विस्तार कर दिया। यह बदलाव महज़ शारीरिक नहीं, बल्कि सांस्कृतिक और बौद्धिक भी था।

अँगूठे का विकसित होना और उसका अन्य उँगलियों के साथ संयोजन बना पाना एक महत्त्वपूर्ण विकास था, जिसने हमें ऐसे कार्यों में सक्षम बनाया, जो किसी और जीव के लिए संभव नहीं हैं। पेड़ की शाखा को पकड़ने से लेकर बारीक़ और सटीक कार्य- जैसे लिखना, पेंट करना, और सर्जरी करना। इन

सब में अंगूठे और उँगलियों की विशेष भूमिका है। आप अपनी दो उँगलियों के बीच सिगरेट फँसाते हुए एक बार सोचें कि क्या कोई और जीव है, जो दो उँगलियों में फँसाकर कुछ कर सकता है। आपको आश्चर्य होगा कि यह सिर्फ़ मनुष्य कर सकता है। अँगूठे और उँगलियों का यह तालमेल हमें न केवल वस्तुओं को पकड़ने, बल्कि उन्हें नियंत्रित करने, तोड़ने, जोड़ने और गढ़ने की अद्भुत क्षमता देता है। मनुष्य ने अपने इन स्वतंत्र हुए हाथों के बहुविधि उपयोग और विश्लेषण से ज्ञान और संस्कृति का विकास किया। अमूमन आज आप जो कुछ भी आस-पास देखते हैं, वह मनुष्य के हाथों का कमाल है। इसलिए आप जब भी अपने पंजों और उँगलियों को देखें तो मनुष्यता के इतिहास में इसके महत्त्व को ध्यान रखें। यह सब करने में दृश्य हाथों के साथ मनुष्य की कुछ अदृश्य शक्तियों ने बहुत बड़ी भूमिका निभाई। तो जब हाथों और अपनी पाँचों उँगलियों को देखें तो मनुष्यता के विकास में उसकी भूमिका के साथ उसके अदृश्य संकेतों को भी याद करें। इसके लिए मैं जो सामान्य-सा शब्द प्रयोग करता हूँ, वह है– MAGIC

Motivation, Aadaptation, Goal setting, Interaction, Care

मैं हजारों विद्यार्थियों से मिल चुका हूँ; उनसे जो सफल हुए और उनसे भी जिनका चयन नहीं हो पाया। उनसे मिलकर मैंने यह समझने की कोशिश की कि वे इतने लंबे तक अपना मोटिवेशन कैसे बनाये रखते हैं। और अगर लगातार ख़ुद को मोटिवेट रखने में असफल होते हैं तो इसकी वजहें क्या हैं। इस लंबे अनुभव और निष्कर्ष को मैं एक शब्द में कहता हूँ– MAGIC मोटिवेशन, एडॉप्शन, गोल सेटिंग, इंटरेक्शन और केयर।

अगर आप ध्यान दें तो पाएँगे कि हर इन्सान उँगलियों को अलग-अलग क्रम में नहीं गिनता। यह मामूली-सी बात इसका सबूत है कि हर इंसान का सोचने, समझने और अपने अनुभवों को परखने का तरीका अलग होता है। तो मैजिक के पाँच तत्त्वों का क्रम हमेशा वही नहीं होगा जो ऊपर दिया गया है।

गोल सेटिंग : सबसे पहले हम गोल सेटिंग को लेते हैं। ख़ुद को उत्साहित रखने में गोल सेटिंग सबसे आधारभूत चीज़ है। जब आप इस परीक्षा के लिए उतरते हैं तो आप को पता होता है कि यह एक दिन की तैयारी नहीं है। बहुत सारे लोग बीटेक या ग्रेजुएशन कर के आते हैं। वहाँ चार-छः दिन इंटेन्सली पढ़कर सेमेस्टर एग्ज़ाम का काम चल सकता है। लेकिन सिविल सर्विसेज़ एग्ज़ामिनेशन पर ये वाला मेथड काम नहीं करता। इसके लिए आपको सतत पढ़ना है। इसलिए आपके पास एक्जेक्टली क्लियर गोल सेटिंग होनी चाहिए। आपके लक्ष्य क्या हैं, यह एकदम स्पष्ट होना चाहिए। कैसे करेंगे? आप आखिर हज़ार किलोमीटर दूर चलकर आ रहे हैं। बहुत सारा पैसा और समय लगा रहे हैं। ऐसे में अगर स्पष्ट लक्ष्य और प्रभावी योजना के बिना कोई काम कर रहे हैं तो भटक जाने की गुंजाइश पर्याप्त है।

आपको अपने सपने को लक्ष्य में बदलना होगा। सपना वह है जो हम देखना, पाना, या बनना चाहते हैं। यह हमारी कल्पनाओं, इच्छाओं और उम्मीदों का प्रतीक है। जैसे, मैं किसी दिन आइएएस बनूँगा। जबकि लक्ष्य वह सपना है जिसे ठोस योजना के साथ वास्तविकता में बदलने का संकल्प लिया गया हो। जैसे, मुझे तीन साल में आईएएस बनना है। अब आप दोनों में अंतर समझ गये होंगे। तो, जो भी लक्ष्य आप बना रहे हों उसे सबसे पहले स्पष्ट होना चाहिए। जैसे कि 3 साल में आईएएस बनने का लक्ष्य। दूसरी चीज़, लक्ष्य को मेजरेबल होना चाहिए। जैसे, उसके लिए हर दिन 10 घंटा पढ़ना। कहने का मतलब यह है कि लक्ष्य को ठोस, दृश्य और व्यवहारिक बनाने के लिए लक्ष्य को छोटे-छोटे खंडों में तोड़ देना चाहिए। प्लीज ब्रेक इट डाउन टू स्मॉलर ऑब्जेक्टिव्स। आपको इसे छोटे-छोटे लक्ष्यों में तोड़ना होगा। स्पष्ट योजना में ढलकर ही कोई सपना लक्ष्य बनता है। इसलिए आप तो यह बताइए कि अगले 1 महीने का लक्ष्य क्या है?

आप जनरल स्टडीज़ में कितने कॉम्पोनेंट्स को कर लेने वाले हैं? इस तरीके से लक्ष्य को छोटे-छोटे लक्ष्यों में तोड़ दीजिए। फिर जब आप इसे

हासिल कर लें तो इसे सेलिब्रेट कीजिए। जब तक तैयारी आपका जीवन नहीं बनेगी तबतक आप में निरंतरता नहीं आएगी। आपको लगेगा कि उस एक अंतिम लक्ष्य में इतनी ताक़त है कि वो आपको खींचता रहेगा। लेकिन ऐसा नहीं होगा। छोटे छोटे लक्ष्य बनाइए। हफ़्ते के हिसाब से दिन के हिसाब से। बड़े लक्ष्य को छोटे-छोटे लक्ष्यों में तोड़कर एक क्लियर स्टडी शेड्यूल बनाइए।

तीसरी चीज़, लक्ष्य को अचीवेबल होना चाहिए। एक दिन आपने 18 घंटे पढ़ाई की लेकिन रोज़ इतने घंटे पढ़ पाना असंभव है। इस लिए कंसिस्टेंसी टूटती है। फिर क्या होगा, आपका मोटिवेशन फिर से नीचे चला जाएगा। इसलिए लक्ष्य ऐसा हो जो आपके लिए पाना संभव हो। इसे आपके सपने से रिलेवेंट होना चाहिए। अंतिम, इसे टाइम-बाउंड होना चाहिए।

इसलिए एक शेड्यूल बनाएं और उस शेड्यूल के हिसाब से अपनी तैयारी को जारी रखें। किसी दिन लक्ष्य पूरा होता है तो बहुत अच्छा है। किसी दिन का लक्ष्य पूरा नहीं होता तो उसे कैरी फॉरवर्ड कीजिए और खत्म कीजिए।

इंटरेक्शन: ध्यान रखिए परीक्षा की तैयारी एकल नहीं है, इसमें आपके आस-पास अनेक लोग एक सपोर्ट सिस्टम की तरह मौजूद होते हैं। इसी तरह मोटिवेशन भी एकल नहीं है, यह आपके सर्किल से भी प्रभावित होता है। एक तीसरी चीज़, यूपीएससी जैसी परीक्षा केवल पढ़ाई का नहीं, बल्कि आपके सोचने-समझने के तरीके और समाज के प्रति आपकी संवेदनशीलता का भी आकलन करती है। इसलिए, समाज से जुड़े मुद्दों और विविध दृष्टिकोणों को समझना आपकी तैयारी का अहम हिस्सा होना चाहिए। इंपॉर्टेंट बात यह है कि आपको अपने चारों ओर के सोशल ईकोसिस्टम के प्रति सजग होना चाहिए। आपका टिफिन वाला रोज़ खाना देता है। पेपरवाला अख़बार डालता है। ऑटो वाला कहीं ले जाता है। आपका मकान मालिक भी है, जिसकी छत के नीचे आप पढ़ते हैं। आपके दोस्त या आपकी गर्लफ्रेंड या बॉयफ्रेंड हैं ही। इस पूरे संदर्भ को बिना जजमेंटल हुए समझने की कोशिश कीजिए।

बात चल निकली है तो एक और छोटी-सी सलाह हिन्दी बेल्ट के विद्यार्थियों के लिए। कुछ लोग कहेंगे कि आप हिंदी वालों के पीछे क्यों पड़े रहते हैं! वह इसलिए कि मैं ख़ुद हिंदी वाला हूँ और स्वाभाविक तौर पर लोगों की मानसिक बनावट को बेहतर जानता हूँ। हिन्दी क्षेत्र के विद्यार्थी वैल्यू जजमेंट का एक टोकरा लेकर आते हैं। वे अपने अनुभव से अलग हर चीज़ के प्रति जजमेंटल होते हैं और बहुत सारी ऊर्जा इसी में जाया करते हैं। उस क्षेत्र के लोग ऐसे होते हैं। उस धर्म और जाति के लोग ऐसा सोचते हैं। वह बियर पीता है तो बिगड़ा हुआ है। वह किसी रिलेशनशिप में है तो उसकी तैयारी भटक जाएगी। मैं यह नहीं कह रहा कि आप अपनी ज़िंदगी को उनके हिसाब से तय कीजिए। लेकिन क्या कभी आपने ध्यान दिया कि लगातार इस तरह के जजमेंटल एटीट्यूड से आपकी कितनी एनर्जी जाया हो रही है। अगर आप इस प्रक्रिया में लगने वाली एनर्जी से मुक्त हो पाएँ तो उसे बेहतर जगह इस्तेमाल कर पाएँगे। जिस व्यक्ति के प्रति आप जजमेंटल रहते हैं, उसका सोशल सपोर्ट खोते हैं। इससे निज़ात पाते ही आप थोड़ा उदार होंगे, आपका अनुभव और सोशल सपोर्ट बढ़ने लगेगा।

सेल्फ़ केयर: निरंतर मोटिवेट रहने के लिए अगली ज़रूरी चीज़ है– सेल्फ केयर और वेल बीइंग। इस MAGIC में 'C' का मतलब है–केयर। अपना ध्यान रखना, अपने शारीरिक और मानसिक स्वास्थ्य का ध्यान रखना। शारीरिक स्वास्थ्य का ध्यान रखना उतना ही ज़रूरी है जितना कि मानसिक स्वास्थ्य का। अगर आप तैयारी के लिए लंबे समय तक लगातार मोटिवेटेड रहना चाहते हैं तो ऐसा आप अपने खाने-पीने का ध्यान रखे बिना नहीं कर सकते। अगर आप बीमार हो जाते हैं तो कितना लंबा समय बर्बाद हो जाता है। एक छोटा-सा वायरल इन्फेक्शन पाँच दिन आपसे छीन लेता है। यह पाँच दिन कवर करने में आपको एक महीना लगता है। फलतः आप निराश होने लगेंगे। इसलिए अपने खाने-पीने और स्वास्थ्य का ध्यान रखिए। अगर आपको मेडिटेशन से मदद मिलती है, तो कीजिए। जैसा कि मैंने कहा, वन साइज फिट्स टू आल जैसा कुछ नहीं होता। जब आप अपने मानसिक और

शारीरिक स्वास्थ्य का ध्यान रखते हैं, तो आपका ऊर्जा स्तर और मोटिवेशन भी उच्च रहता है, जिससे आपकी कंसिस्टेंसी बनी रहती है। और कंसिस्टेंसी ही वह तत्व है जो अंत में किसी भी लक्ष्य को प्राप्त करने में मदद करती है।

मोटिवेशन: अब मैं उस बात पर आता हूँ, जो MGIC में पहले नंबर पर है, लेकिन यहाँ मैं चौथे नंबर पर बता रहा हूँ। ऐसा इसलिए कि आप पहले बताई गयी चीज़ों के बाद ही मोटिवेशन तक पहुँचेंगे। सब लोग किसी न किसी परीक्षा, चुनौती या लक्ष्य के प्रति उत्साहित होते हैं, लेकिन जब हम जानते हैं कि सफलता की संभावनाएँ सीमित हैं, तो हमारे मन में असफलता का डर आ जाता है। यह डर कभी न कभी हमें घेर लेता है, ख़ासकर जब हम परीक्षा की ओर बढ़ रहे होते हैं। हम ख़ुद से सवाल करते हैं, "क्या मैं सफल हो पाऊँगा?" और इस चिंता से मन में संदेह के बीज बोते जाते हैं। इसलिए ध्यान रखें कि कहीं आपके मन में असफलता का भय तो नहीं आ रहा है। जब आप ऐसा महसूस कर रहे हों तो सोचिए कि इस बीच आप ऐसा क्यों महसूस कर रहे हैं। इसी तरह जब आप खूब पॉजिटिव महसूस कर रहे हों और बेहतर तैयारी कर पा रहे हों, तो भी इसके कारणों पर विचार कीजिए। अक्सर असफलता का डर हमारी सोच और कार्यक्षमता पर नकारात्मक प्रभाव डालता है। इसे पहचानना और यह समझना कि यह डर क्यों है, पहला कदम है। उदाहरण के लिए:

- क्या यह डर कम तैयारी के कारण है?
- क्या यह दूसरों से तुलना के कारण है?
- यह डर केवल परिणाम पर अत्यधिक ध्यान केंद्रित करने से उत्पन्न हो रहा है?

इसी तरह जब आप ख़ुद को उत्साह और आत्मविश्वास से भरपूर महसूस करते हैं, तो यह देखना ज़रूरी है कि ऐसा क्यों हो रहा है।

- क्या आपने उस दिन विशेष रूप से अच्छा अध्ययन किया था?
- क्या आपने प्रेरक विचारों पर ध्यान दिया था?
- क्या आपने किसी तनावपूर्ण सोच को दरकिनार किया था?

इस प्रक्रिया में जो भी स्थितियाँ और तत्त्व समझ आएँ उन्हें बनाये रखने की कोशिश कीजिए। फिर उसे दोहराइए। जब आप समझ जाते हैं कि कौन-से कारण आपको बेहतर महसूस कराते हैं और कौन-से आपको पीछे खींचते हैं, तो उन सकारात्मक आदतों और स्थितियों को बनाये रखने पर काम करें।

- यदि आप एक समय पर पढ़ाई में बेहतर महसूस करते हैं, तो उस समय को अपनी दिनचर्या में बनाये रखें।
- यदि एक ख़ास गतिविधि, जैसे मेडिटेशन या हल्का व्यायाम, आपका मन शांत रखती है, तो इसे रोज़ का हिस्सा बनाएं।

असल में जब आप अपने मानसिक और भावनात्मक पैटर्न को समझने लगेंगे, तो आप न केवल बेहतर प्रदर्शन कर पायेंगे, बल्कि अपनी तैयारी के सफर को भी ज़्यादा संतुलित और प्रभावी बना पायेंगे।

मैं मूलतः तीन बातें कहता हूँ:

स्टे पॉजिटिव: सकारात्मक दृष्टिकोण आपकी ऊर्जा और आत्मविश्वास को बनाये रखने में मदद करता है। जब असफलता का भय मन में घर करने लगे, तो इसे पहचानना और इसे चुनौती देना आवश्यक है। ख़ुद को याद दिलायें कि असफलता एक प्रक्रिया का हिस्सा है, न कि अंतिम परिणाम।

स्टे इंस्पायर्ड: प्रेरणा के स्रोत ढूँढें– चाहे वह आपके लक्ष्य हों, आपके परिवार की उम्मीदें, या आपकी ख़ुद की आकांक्षाएँ। प्रेरणा ही वह ईंधन है जो कठिन समय में भी आगे बढ़ने की ताक़त देता है।

लर्न फ्रॉम योर फेलियर: असफलता को सीखने का अवसर मानें। जब आप असफल होते हैं, तो उस पर ठहर कर सोचें कि क्या ग़लत हुआ और इसे सुधारने के लिए अगला कदम क्या हो सकता है। यह दृष्टिकोण आपको हर बार बेहतर बनाने में मदद करेगा।

जब मैं फेलियर की बात कर रहा हूँ तो प्रिलिम्स में फ़ेल होने का इंतिज़ार मत कीजिए। आपने सोचा था कि टेस्ट सीरीज़ में 90 के स्कोर तक पहुँचूँगा। लेकिन इसमें आपका परफ़ॉर्मेंस इससे काफ़ी कम है। यह प्रिलिम्स में फेलियर नहीं है, लेकिन फेलियर तो है। अगर इसमें आप अपनी कमज़ोरियों को समझ पाते हैं तो प्रिलिम्स में ये ग़लतियाँ करने से बच जाएंगे। अगर अपनी कमज़ोरियों को लगातार ट्रेस करके उसपर काम करेंगे तो एक दिन अपनी स्ट्रेन्थ पर खुश होने का अवसर भी आयेगा और फिर सफलता पर जश्न मनाने का भी।

ख़ुद को समझिए कि आपको किन चीज़ों से मोटिवेशन मिलता है। अपने मोटिवेशन की ज़िम्मेदारी किसी और को मत दीजिए। टॉपर्स के मोटिवेशन के प्लान को फॉलो करने के बजाय अपने मोटिवेशन का प्लान ख़ुद तैयार कीजिए। मोटिवेशन व्यक्तिगत मसला नहीं है, यह एक सोशल कॉन्स्टक्ट है। वह व्यक्ति जिस परिवार से आता है, उसकी आर्थिक सामाजिक स्थितियाँ आपसे अलग हो सकती हैं। इसलिए उसके मोटिवेशन का फैक्टर किसी और पर काम करे यह ज़रूरी नहीं है। जैसा कि मैंने कहा, यहाँ one size fits all जैसी कोई चीज़ नहीं है।

एडॉप्टेशन: अब पाँचवीं और अंतिम चीज़। यह बाकी चारों कैटेगरीज़ की अपेक्षा थोड़ा टेक्निकल है। सिविल सेवा की परीक्षा किसी और परीक्षा से अलग है। यह बाकी से कुछ अलग क्षमताओं की माँग करती है। इसकी ज़रूरतें अलग हैं। यहाँ तक कि इसका सोशल कॉन्स्ट्रक्ट एकदम भिन्न है। मेहनत तो सारी परीक्षाओं में करनी पड़ती है। इंजीनियरिंग और मैनेजमेंट की परीक्षाओं में भी मेहनत करनी होती है। बाकी वनडे एग्ज़ाम में भी मेहनत करनी पड़ती है। लेकिन हर एग्ज़ाम अलग तरह की मेहनत और रणनीतियों की माँग करता है।

अपनी परीक्षा की ख़ास टेक्निक को समझिए। उसके अनुकूल आपकी टेक्निक क्या होनी चाहिए, इसे भी समझिए। यूपीएससी की परीक्षा केवल रटने का खेल नहीं है; यह आपके विश्लेषण, तर्कशक्ति, और समस्याओं को हल करने की क्षमता को परखती है। हर साल के प्रश्नपत्र का विश्लेषण करें। परीक्षा के पैटर्न और ट्रेंड्स को समझें। बदलते सिलेबस या फोकस एरिया पर ध्यान दें। यह पहचानें कि किन तरीकों से आप सबसे बेहतर सीखते और समझते हैं। उदाहरण के लिए: क्या आपको इन्फोग्राफिक्स, फ्लोचार्ट्स या नोट्स बनाने से मदद मिलती है? तो इन तकनीकों को अपनी पढ़ाई का अभिन्न हिस्सा बनाएं।

यहाँ आपको लंबे समय तक टिकना पड़ सकता है इसलिए अपने रूटीन में बदलाव करते रहिए। वरना इकहरे रूटीन से ऊब जाएंगे और एक दिन आपकी कन्सिस्टेंसी टूट जाएगी और आप डिप्रेशन फ़ील करने लगेंगे। इसलिए आपको अपनी स्टडी टेक्निक्स को सूक्ष्म स्तर पर समझना पड़ेगा। यह समझना पड़ेगा कि आपके लिए क्या चीज़ कारगर होगी। मसलन अगर आपके लिए इन्फोग्राफिक्स काम करता है तो हर चैप्टर में उसका इस्तेमाल करने की कोशिश कीजिए। लेकिन ज़रूरी नहीं कि यह आपके दोस्त पर भी काम करे। अगर परीक्षा और पेपर में कुछ बदलाव आ रहे हैं तो उसे समझिये। ख़ुद में उसके लिए नयी स्किल्स का विकास कीजिए। भगवान

भरोसे बैठे रहने से तो कुछ होने से रहा। हमने लगातार मैजिक की बात की। इस मैजिक में एक ज़रूरी चीज़ है एडॉप्टेशन। अगर आप एडॉप्ट करने के लिए तैयार नहीं हैं तो मुश्किल होगी। इसलिए– एडॉप्ट!

जो कुछ आप मोटिवेशन के लिए कर रहे थे अगर आप उसके साथ कॉन्सटैंटली लंबे समय तक रह लेते हैं तो आप यूपीएससी के अलावा भी बाकी जीवन में बेहतर करेंगे। मान लीजिए किन्हीं वजहों से यूपीएससी में नहीं हुआ तो स्टेट सर्विसेज़ में हो जाएगा, वहाँ नहीं तो कहीं और हो जाएगा। आपको लगातार अपनी प्रोग्रेस को ट्रैक करना है और इस प्रक्रिया में बने रहना है। इस यात्रा को टुकड़ों में नहीं जीना है। दो महीने आपने जम के मेहनत की फिर आप घर चले गये। इसमें आपका मोटिवेशन नीचे चला गया। फिर लौटे मेहनत की, फिर ऐसा ही हुआ। कंसिसटेंसी और मोटिवेशन बनाये रखें।

आपकी यात्रा क्या है?

अध्याय - 7

कंपैरिजन एंग्ज़ाइटी से बचें

हमारे बचपन में एक डिटर्जेंट केक का विज्ञापन आता था– उसकी कमीज़ मेरी कमीज़ से सफ़ेद कैसे! मैं जब अपने विद्यार्थियों से या एस्पिरैन्ट्स से बात करता हूँ तो अक्सर मुझे यह सिंड्रोम दिखाई पड़ता है। वे काफी तनाव में होते हैं और उसकी वजह वे ख़ुद नहीं होते। अक्सर उनके दोस्त या रिलेटिव्स होते हैं। वे बार-बार ख़ुद की उनसे तुलना कर रहे होते हैं। वे देख रहे होते हैं कि आज वो कितने घंटे पढ़े और उनकी तुलना में उनके दोस्त ने कितने घंटे पढ़ाई की। किसी मॉक टेस्ट में उनके दोस्तों के कितने नंबर आये! यह सब सामान्य उदाहरण हैं, लेकिन इन सब से विद्यार्थियों के एक्सपीरियंस की साइकोलॉजी का पता चलता है। यहाँ हम इसी चीज़ को समझना चाहते हैं। यह क्या चीज़ है और इससे आपको क्या नुकसान हो सकता है? देखिए दोस्तो इस बात को तो आपको मानना ही पड़ेगा कि हर व्यक्ति यूनिक होता है। हर एस्पिरेन्ट यूनिक होता है। हर एक व्यक्ति की यात्रा यूनिक होती है। यदि आप लगातार इस तुलना वाले मोड में रहेंगे तो निश्चित तौर से आप पर इसका असर पड़ेगा। इस अध्याय में हम इसी विषय पर बात करने वाले हैं। पढ़ाई के घंटे, मॉक टेस्ट या टेस्ट सीरीज़ का स्कोर, दूसरी चीज़ों में दूसरे

दोस्त कहाँ तक पहुँच गये; इस तरह की सोच एंग्जाइटी पैदा करती है। और इससे आपकी पढ़ाई लिखाई और आपकी ज़िंदगी पर बुरा असर पड़ता है।

सबसे पहले यह समझना चाहिए कि तमाम कोशिशों और समान सिचुएशन के बावजूद आप अन्य जैसे न बन सकते हैं और न आपको उस जैसा बनना चाहिए। आपको अपनी यात्रा पर नज़र डालनी है। आपको देखना है कि आपकी यात्रा क्या है। आपको उसे भी उसकी यात्रा के संदर्भ में ही देखना चाहिए। लेकिन अगर आपको कंपेयर करना ही है तो फिर क्यों न आप ख़ुद को अपने कल से कंपेयर करें? आज आपने कल से बेहतर तरह पढ़ाई की। आज आपने इस टॉपिक को कल से आगे पढ़ लिया। पिछले सप्ताह आपने क्या किया था। क्या आज आप उससे थोड़ा सा बेहतर कर रहे हैं। यहाँ इंपॉर्टेंट बात यह है कि यदि आप डेली मात्र 0.1% सुधार करते हैं तो आप पाएँगे कि 10-20 दिन में इसका कंपाउंडिंग प्रभाव होगा। इसकी वजह से आप बेहतर करने लगेंगे। आपको क्या ज़रूरत है कि किसी अन्य व्यक्ति से अपनी तुलना करें? आपकी कमीज़ दूसरे की कमीज़ से कम सफ़ेद क्यों है, लगातार के इस कंपैरिजन से बाहर निकलने के लिए, इस तनाव से निकलने का पहला तरीका है–**फ़ोकस ऑन योर जर्नी।**

फ़ोकस करने में आपको सहायता चाहिए तो ख़ुद को लगातार मॉनिटर करें और छोटी-छोटी सफलताओं को सेलिब्रेट करें। इसका मतलब है कि ख़ुद को शाबाशी दें।

वाह, आज आपने यह सीखा!
जाइए चाय पी आइए!!

प्रेशर में कोई काम बेहतर नहीं होता। व्यक्ति ख़ुद पर और अपने काम पर फ़ोकस करने के बजाय निरंतर दूसरों के बारे में सोचता रहता है। आज के यूथ की ज़िंदगी इस बात से डिफ़ाइन नहीं हो रही कि वो ख़ुद कहाँ से कहाँ पहुँचे। बल्कि कंपैरिजन उनकी ज़िंदगी को डिफाइन कर रहा है। इसका कारण यह है कि इस पीढ़ी का सोशल मीडिया एक्सपोजर बहुत ज़्यादा है।

जहाँ पर हर छोटी-मोटी चीज़ क्वांटिफाई है; कितने लाइक्स मिले, कितने व्यूज़ मिले, किसको किसने क्या कमेंट किया। यह सब देखकर आप तुलना करने लगते हैं। इस तरह आप लगातार दूसरों के बारे में सोचते रहते हैं। आपकी तैयारी के हित में कोई भी आपको यह बता सकता है कि सोशल मीडिया से थोड़ा बच के। यह ज़रूरी है कि आप इनफॉर्म्ड रहें लेकिन ऑबसेस्ड न रहें। यह उम्मीद तो नहीं करेंगे कि आप सोशल मीडिया को छोड़ देंगे। सोशल मीडिया से आपको अपडेट मिलते हैं, सूचनाएँ मिलती हैं, आपको सिलेबस से जुड़ी हुई चीज़ें पता लगती हैं, एग्ज़ामिनेशन ट्रेंड्स का पता लगता है। इसलिए आप इससे एकदम कटे तो नहीं रह सकते।

लेकिन क्या ऐसा ही होता है? नहीं। सामान्यतः एक स्टोरी डालकर आप बार-बार उसे चेक कर रहे होते हैं; कितने लोगों ने देख लिया कितने लाइक आ गये। इससे आपकी ज़िंदगी में क्या फ़र्क पड़ जाएगा अगर यह सूचना आपको आधे घंटे के बाद मिले मिले कि किसने लाइक किया! अगर आपके साथ ऐसा हो रहा है और ज़्यादा संभव है कि हो ही रहा होगा तो कोई और किताब उठाने से पहले इसपर सोचिए। यह आपके ध्यान और आत्मविश्वास को छीन लेगा। आप ख़ुद नहीं निकल पा रहे हैं तो किसी दोस्त से बात कीजिए इसके बारे में।

मैं हज़ारों लोगों से मिला हूँ,
जिन्हें आप सफल कह सकते हैं,
लेकिन इनमें से एक भी व्यक्ति ऐसा नहीं मिला
जो अपने कंफ़र्ट ज़ोन में रहकर सफल हुआ हो।

अध्याय - 8

कम्फ़र्ट ज़ोन को तोड़ें

अगर आप अपने कंफ़र्ट ज़ोन की क़ैद में आ गये हैं तो आपका कंफ़र्ट ज़ोन एक सीमा के बाद आपका कोकून बन जाएगा। आपको मालूम है कि रेशम का कीड़ा अपने इर्द-गिर्द एक कोकून बनाता है। उसके बाद वह अंततः उसी कोकून में मर जाता है। आपको समझना पड़ेगा कि कंफ़र्ट ज़ोन एक कोकून हो सकता है। फिर सवाल उठता है कि कंफ़र्ट ज़ोन क्या है और इससे बाहर कैसे निकलें?

हम सबसे पहले कंफ़र्ट ज़ोन को समझते हैं। कौन सी जगह है, जहाँ पर रहना आपको पसंद है, जहाँ आप सुरक्षित महसूस करते हैं, जहाँ से बाहर जाने में आपको हिचकिचाहट होती है। अगर आप इस बाउंड्री को पहचान पा रहे हैं तो आप समझ सकते हैं कि सांस्कृतिक या ऐतिहासिक तौर पर आपको एक कंफ़र्ट ज़ोन दिया जाता है। मसलन अगर आप स्त्रियों के कंफ़र्ट ज़ोन की बात करें तो आप जानते हैं कि स्त्रियों को चारदीवारी नाम का एक कंफ़र्ट ज़ोन दिया गया। उन्हें बताया गया कि आप वहाँ सबसे सुरक्षित

रहेंगी। यह सिर्फ़ किसी बाहरी व्यक्ति द्वारा थोपा गया मामला नहीं है। लंबे सोशलाइजेशन के बाद कंडीशनिंग का वह स्तर हो जाता है कि आप इस कंफ़र्ट ज़ोन में रहना पसंद करने लगते हैं। ऐसी स्त्रियां मिलेंगी जिनसे अगर कहा जाए कि आप पर्दा मत कीजिए, तो वे पर्दे के पक्ष में ज़िरह करती हैं। असल में इस तरह के बंधन लंबे समय के बाद कंफ़र्ट ज़ोन बन जाते हैं। यही कंफ़र्ट ज़ोन का समाजशास्त्र है और यही इसकी साइकोलॉजी भी है। जब तक आप इस कंफ़र्ट ज़ोन का अतिक्रमण नहीं करते तबतक आपकी तरक्की के रास्ते बंद रहते हैं। सबके अंदर एक कंफ़र्ट ज़ोन होता है, जिसमें हम ख़ुद को सुरक्षित महसूस करते हैं। लेकिन इस कंफ़र्ट ज़ोन के एकदम बाद एक ज़ोन होता है, जिसे हम फीयर ज़ोन कहते हैं। फीयर ज़ोन का मूल मतलब यह है कि हम कंफ़र्ट ज़ोन में इसलिए बंधे रहते हैं क्योंकि इससे बाहर निकलने में हमें डर लगता है। ये डर तमाम किस्म के हो सकते हैं; अनदेखी चीज़ों का डर, असफलता का डर, भौतिक या आर्थिक नुकसान पहुँचने का डर या जो अब तक आपके पास है, उसके खो जाने का डर। इन तमाम वजहों से आप अपने कंफ़र्ट ज़ोन में रहना चाहते हैं।

इस फीयर ज़ोन की मज़ेदार प्रकृति यह है कि यह शुरुआत में ज़्यादा मज़बूत होता है लेकिन जैसे-जैसे आप कंफ़र्ट ज़ोन से दूर होते जाते हैं यह फीयर ज़ोन कम होता जाता है। इसका मतलब कि अगर आप एक बार कंफ़र्ट ज़ोन से बाहर निकलने का तय कर लें और बार-बार उसे तोड़ते रहें तो आप अपने डरों पर काबू पा सकते हैं ।

अगर आप अपने शहर में बचपन से रहते आये हों तो शहर से 50 किलोमीटर दूर जाने में 100 बहाने बनाएंगे; यहीं से हो जाएगा, फ़ोन से काम चल जाएगा, क्यों जाना है! लेकिन आप एक बार कदम बाहर निकालें तो धीरे-धीरे आपको वह सहज लगने लगेगा। हो सकता है कि पहले 50 किलोमीटर वाली यात्रा आपके लिए ज़्यादा मुश्किल हो और उसके बाद

100 किलोमीटर दूर जाना भी आसान लगे। इस भौतिक दूरी का एक बड़ा हिस्सा दरअसल मनोवैज्ञानिक है। आप अपने पारिवारिक दायरे से बाहर निकलकर पढ़ने को तैयार हैं या नहीं, ट्रेवल करने को तैयार हैं कि नहीं? आप वह काम करना चाहते हैं कि नहीं जो अबतक आपका कंफ़र्ट ज़ोन नहीं रहा है, अबतक आपने विज्ञान पढ़ा था अब सोशल साइंस पढ़ने के लिए तैयार हैं या नहीं?

जबतक आप कंफ़र्ट ज़ोन से बाहर नहीं निकलते तब तक आप इस भय में रहते हैं। लेकिन एक बार आपने इस फीयर ज़ोन को क्रॉस कर लिया तो आगे वह ज़ोन शुरू होता है, जिसे हम लर्निंग ज़ोन कहते हैं। अगर उसमें आपको आनंद आना शुरू हो गया तो इसका मतलब यह है आपकी ज़िंदगी आसान होनी शुरू हो गयी है।

इसका मतलब यह नहीं है कि आपको लगातार सफलताएँ मिलेंगी। नहीं, उसमें भी असफलताएँ मिलेंगी, लेकिन अब आपको यह पता लगना शुरू हो चुका होगा कि आपको इसमें आनंद आ रहा है और आप सीख रहे हैं। अब आप उड़ने के लिए तैयार हो रहे हैं। यह वह वृत्त है, जिसे हम लर्निंग ज़ोन कह रहे हैं। **लर्निंग ज़ोन के बाद वह क्षेत्र आता है जिसके लिए सारी यात्रा की गई थी, वह है– ग्रोथ ज़ोन।** आज आप जिस विजेन्द्र चौहान को देख रहे हैं, यह कभी मुखौटे के पक्ष में बोलता था। आज यह व्यक्ति सीधा कैमरे की ओर देखकर बात कर रहा है तो उसका मतलब है कि मैं उस फीयर ज़ोन से निकला। मैं उस लर्निंग ज़ोन को क्रॉस करके अब ग्रोथ ज़ोन मे पहुँच रहा हूँ। मुझे इसमें आनंद आ रहा है। यह कतई नहीं कहा जा रहा है कि ग्रोथ ज़ोन कंफ़र्टेबल होता है। लेकिन दिक्क़त यह है कि अगर आप कंफ़र्ट ज़ोन में रहेंगे, तो जैसा मैंने कहा, कंफ़र्ट ज़ोन आपका कोकून बन जाता है। उसके बाद इस बात की गुंजाइश नहीं होती कि आप ग्रो कर सकें। इसीलिए ज़रूरी है कि आप कंफ़र्ट ज़ोन से बाहर निकलें। यह आपकी मनोवैज्ञानिक ज़रूरत

है। यह आपकी तरक़्क़ी की ज़रूरत है। मैं हज़ारों लोगों से मिला हूँ, जिन्हें आप सफल कह सकते हैं, लेकिन इनमें से एक भी व्यक्ति ऐसा नहीं मिला जो अपने कंफ़र्ट ज़ोन में रहकर सफल हुआ हो।

कंफ़र्ट ज़ोन सफलता से भी डराती है। सफलता कोई कंफ़र्टेबल प्लेस नहीं है। इसलिए आपके व्यक्तिव के विकास के लिए भी बहुत ज़रूरी है कि वे सारी चीज़ें, जिनसे आपको भय लगता है, उन्हें याद कीजिए। आपको उन्हें तोड़ना होगा, वह काम करके देखना होगा। आपको पब्लिक स्पीकिंग से डर लगता है तो पब्लिक स्पीकिंग कीजिए। आपको ट्रेवल करने से डर लगता है ट्रेवल कीजिए। आपको रात से डर लगता है तो अँधेरे में निकलिए। आपको जिस विषय से डर लगता है उस विषय को पढ़िए। यानी कि वे तमाम चीज़ें जो आपको कंफ़र्ट ज़ोन में रख रही हैं, आपको उनसे बार-बार निकलना चाहिए।

जिन लोगों को आप कंफ़र्ट ज़ोन से बाहर निकलते हुए देखते हैं, वे सफल हों या असफल, लेकिन भयमुक्त होते हैं। यह कोई एक दिन की छलाँग नहीं है, यह निरंतर चलते रहने वाली प्रक्रिया है।

प्रतियोगियों के भी कंफ़र्ट ज़ोन होते हैं। मसलन आप अपने शहर में थे, वहाँ खाने पीने का इंतज़ाम था, दोस्त थे, लेकिन आप इस कंफ़र्ट ज़ोन से निकलकर उन शहरों तक पहुँचे, जहाँ इस तरह की तैयारी के लिए बेहतर जगह थी। वहाँ पहुँचकर आपने पाया कि अगर अपने शहर में रहते तो इस बात की आशंका थी कि आप एक बड़े ईकोसिस्टम से अपने आप को वंचित कर रहे होते। लेकिन अगर दिल्ली, मुंबई या किसी भी बड़े शहर में पहुँचने के बाद भी वैसा ही कंफ़र्ट ज़ोन खोज रहे हैं, जैसा कि आपके ज़िले या राज्य में था तो बड़ी ग़लती कर रहे हैं। आपको सुविधाएँ और कंफ़र्ट न खोजकर ख़ुद को चुनौती देनी है। आप ख़ुद को चैलेंज दें कि आप इस कंफ़र्ट ज़ोन के बाहर निकलकर सीखेंगे; आप केवल अपनी भाषा वाले लोगों के बीच रहने की कोशिश नहीं करेंगे। सिर्फ अपने धर्म, जाति, क्षेत्र या राज्य के बीच रहने

की कोशिश नहीं करेंगे, अपनी लैंगिकता और अपनी सांस्कृतिक पहचान के दायरों के बाहर भी परिचय का दायरा बढ़ाएँगे। यह चुनौती आपकी तैयारी होगी अपने कंफ़र्ट ज़ोन से निकलने की। धीरे-धीरे आप पायेंगे कि इस चुनौती के परिणामस्वरूप आपकी ज़िंदगी में डायवर्सिटी आयी है। यह डायवर्सिटी आपको बेहतर बनायेगी, सीखने के लिए तैयार करेगी और इसका स्वाभाविक परिणाम यह होगा कि आप सफलता के रास्ते पर चल रहे होंगे।

बोरियत वह दरवाज़ा है,
जहाँ से आप ख़ुद के करीब पहुँच सकते हैं।

अध्याय - 9

बोरियत को समझें

बोरियत अपने आप में चाहे कितनी बोरिंग चीज़ क्यों न दिखती हो लेकिन बोरियत को समझना बहुत ही रोचक है। चलिए इस पर कुछ बात करते हैं क्योंकि यह विद्यार्थियों के जीवन में बिखरी पड़ी है। विद्यार्थी ही क्यों अधिकांश लोग लगातार बोरियत से बचने में ही मुब्तिला होते हैं। आप इससे जितना बचने की कोशिश करेंगे उतना इसमें फँसते जाएंगे। कुछ समय पहले जब हम स्कॉलरशिप के लिए विद्यार्थियों का इंटरव्यू ले रहे थे तो हम उनसे पूछते थे कि लगातार पढ़ाई करने में कौन सी चीज़ आपके लिए बाधा बन रही है? वे अक्सर कहते थे कि सर मैं बोर हो जाती हूँ या हो जाता हूँ। और जब मैं बोर हो जाती हूँ तो मोबाइल फ़ोन देखने लगती हूँ और फिर समय ख़राब हो जाता है।

हम लगातार इस एहसास में हैं कि हम बोर हो रहे हैं इसलिए बोरियत को दूर करने की ज़रूरत है। इस तरह बोरियत दूर करने के लिए हम सोशल मीडिया, रील्स और वीडियो गेमिंग तक पहुँचते हैं। हमारे दिमाग़ में ऐसा वहम पैदा किया जाता है जैसे बोरियत कोई भूत हो, जिससे हमें लगातार

बचना हो, अगर हम इसकी पकड़ में आ गये तो कुछ बहुत ख़तरनाक हो जाएगा। जबकि सच्चाई इससे उलट है। असल में यह अपने आप में एक बोरडम पैराडॉक्स है। पैराडॉक्स यह है कि इसे दूर करने की जितनी कोशिश करते हैं उतना ही इसमें उलझते जाते हैं।

आपको इसपर विचार करना चाहिए कि अगर बोरियत जैसी कोई चीज़ है तो यह अकारण नहीं होगा, इसका जीवन में कोई उपयोग तो ज़रूर होगा। पहले यह समझते हैं कि इसपर मनोवैज्ञानिक क्या कहते हैं? जब हमारे शरीर को किसी बाहरी स्टीमुलस की ज़रूरत नहीं होती या वह स्थिति जिसमें हमारे पास कोई बाहरी स्टीमुलस नहीं होता तो उस स्थिति के लिए ऊब या बोरियत शब्द का प्रयोग होता है। यह सुनकर आपको बोरियत अचानक रोचक चीज़ लगने लगी होगी। यह वह स्टेट ऑफ माइंड है, जहाँ ऐसा कोई स्टिमुलस नहीं है, जिनकी वजह से हम किसी इंगेजिंग किस्म की एक्टिविटी में शामिल हों। ऐसे में हमारा दिमाग क्या करता है, वह एक जगह से दूसरी जगह कूदता है, यह माइन्ड वांडरिंग की स्थिति है। फिर तो बोरियत की स्थिति बहुत रचनात्मक स्थिति है। इसलिए आप पायेंगे कि अधिकांश रचनात्मक लोग उन स्थितियों में रहना पसंद करते हैं, जो स्थितियाँ आपको बोरिंग लगती होंगी। मसलन अकेले बैठे रहना; कोई किताब पढ़ना या वह भी नहीं करना, यों ही शून्य की तरफ़ ताकना। यह आपके बोर होने का क्लासिक उदाहरण है लेकिन इसे ही क्रिएटिव लोगों में आप क्रिएटिव होने की शर्त के तौर पर देखते हैं। लेकिन यही अगर आपसे कहा जाए कि खाली बैठिए तो आप 5 से 7 मिनट में कहेंगे कि मैं बोर हो रहा हूँ।

मुझे पिछले दिनों का एक रोचक सोशल एक्सपेरिमेंट याद आ रहा है। जिसमें एक व्यक्ति ने कैमरा लगाया और वह लगातार घंटों अकेले लाइव करता रहा। वह या तो बैठा था या पड़ा था; न फ़ोन देख रहा था न किसी से बात कर रहा था। वह बहुत सहज दिखता है। आपको यह जानकार आश्चर्य होगा कि उसे लाइव करते हुए देखने वाले लोगों की संख्या करोड़ों में थी।

आप इसे समझें तो पता चलेगा कि वह व्यक्ति बोर नहीं हो रहा था बल्कि जो लोग उसे बोर होते हुए देख रहे थे, वो लोग अपनी ज़िंदगी में इतने बोर थे कि उन्हें बोरियत दूर करने के लिए एक निष्क्रिय व्यक्ति को देखना तक गवारा था।

मैं सिर्फ़ एक छोटी सी बात आपको समझाना चाहता हूँ–अपनी बोरियत को पहचानिए। हर बोरियत एक जैसी नहीं होती है। कुछ बोरियत केवल सिचुएशनल होती हैं। कुछ ऐसी होती हैं, जिसे रिएक्टिव कहते हैं। आस-पास कुछ नहीं दिखाई दे रहा इसलिए आप बोर फ़ील कर रहे हैं। हालाँकि एक बोरियत वह भी होती है, जिसे हम अस्तित्वगत या एग्ज़िस्टेंशियल बोरडम कहते हैं। यह एक ऐसी स्थिति है, जिसमें आप ज़िंदगी को पर्पजलेस मानना शुरू कर देते हैं।

अपनी बोरियत को पहचानना सीखिए। क्योंकि जितना आप बोरियत से भागना शुरू करेंगे उतना ही इसके गिरफ़्त में फँसते जाएंगे। आजकल के डिजिटल युग में यह बात पिछले युगों से ज़्यादा कॉमन है। सोशल मीडिया के उद्योग को बनाये रखने वाली एक बड़ी चीज़ यह भ्रम है कि लोग बोर हो रहे हैं। इसका मतलब एक पूरा उद्योग बोरियत पर ही टिका है। वह बताता है कि आप बोर फ़ील कर रहे हैं, लीजिए यह कंटेंट कंज़्यूम कीजिए।

चूँकि हम इस मसले पर विद्यार्थियों के लिहाज़ से सोच रहे हैं, इसलिए समझते हैं कि शिक्षा से इसका क्या लेना-देना है। कई शिक्षाविदों ने यह कहा है कि जब आप बोरियत को अपनाते हैं तो यह आपको एक अवसर देता है कि आप ख़ुद सीखें। जिस व्यक्ति को लगातार बाहरी स्टिमुलस की ज़रूरत पड़ रही हो वह बहिर्मुखी है। देखने में लगता है कि बहिर्मुखी व्यक्ति बहुत सक्रिय है लेकिन ज़्यादतर वह बहुत बोर होता है। दूसरी तरफ़ अंतर्मुखी लोगों के लिए किसी बाहरी स्टिमुलस की ज़रूरत नहीं पड़ती। अगर आप सोचेंगे तो आपको समझ आयेगा कि जिन लोगों को लगातार बाहरी स्टिमुलस की

ज़रूरत पड़ रही है वे ज़्यादा बोर हैं। जो अंतर्मुखी हैं, और जिन्हें बाहरी स्टिमुलस की ज़रूरत नहीं है, वे स्वयं सीख सकते हैं। अर्थात बोरियत उतनी बुरी चीज़ नहीं है जितनी आपके दिमाग में बैठ चुकी है। अगर आप अपनी बोरियत की प्रकृति पहचानकर इसे एन्जॉय कीजिए, चाहे यह सिचुएशनल हो या रेलेक्टेंट,यह बोरियत आपको अच्छी लगेगी। स्थिर और शांत बैठने से दिमाग ज़्यादा रचनात्मक होता है। यह अपने आप को खोजने का मौका है। यह दुनिया को थोड़ा दूर से देखने का अवसर देगी। इसलिए कभी-कभी बोरियत को अंगीकार भी करना चाहिए।

जो बहुत सक्रिय दिखाई देते हैं या इसका दावा करते हैं, लगातार पार्टियों की फिराक में रहते हैं वो ऐसा क्यों करते हैं? इसे आजकल की भाषा में 'फ़ोमो' FOMO कहा जाता है। अर्थात लगातार पीछे छूट जाने का भय। ऐसे में लगता है दुनिया में कितना कुछ चल रहा है, अगर मैं यहाँ, इसी कमरे में खाली बैठा रह गया तो मैं पीछे छूट जाऊँगा! फिर आप कुछ करने के लिए करना शुरू करते हैं। थोड़े दिनों में लगता है कि आपमें जो करने की कोई गहरी इच्छा नहीं है वही करने पर आप कूद पड़े हैं। रील बना रहे हैं, वीडियो बना रहे हैं, कैफे का निरर्थक चक्कर लगा रहे हैं। ऐसा क्यों कर रहे हैं? भय, कि कहीं पीछे न छूट जाएं। और यह बताने की ज़रूरत नहीं पड़नी चाहिए कि भय कोई अच्छी चीज़ नहीं है। भय आपके मानसिक और शारीरिक स्वास्थ्य को बुरी तरह बिगाड़ सकता है।

जोमो JOMO: खो जाने का भय छोड़िए। आप कहीं खोने नहीं जा रहे। उसकी जगह अपने खो जाने को एन्जॉय कीजिए। **जॉय ऑफ मिसिंग आउट – जोमो।** जहाँ हर आदमी भाग रहा है, वहाँ तुम रुक जाओ- जस्ट स्टैन्ड स्टिल। इस फीलिंग को एन्जॉय करो कि हर कोई दौड़ रहा है, लेकिन तुम नहीं। और आप पायेंगे कि जोमो बहुत जॉयफुल है। भय कभी आनंददायक नहीं हो सकता। जिस समय आप छूट जाने के भय से आज़ाद हो जाते हैं उस समय आप रिलैक्स महसूस करते हैं। आजकल की लोकप्रिय शब्दावली

में कहें तो यह माइन्डफुलनेस की स्थिति है। आप पायेंगे कि एक बेहतर स्टेट ऑफ माइन्ड में हैं। इसलिए यह थोड़ी सी नॉन कन्वेंशनल किस्म की राय है, लेकिन मेरा कहना है कि हो सकता है आप दूसरों की नज़र में एक बोरिंग किस्म की ज़िंदगी जी रहे हैं लेकिन वास्तविकता में आप उनसे अलग ज़िन्दगी जी रहे हैं जो लगातार बाहरी स्टिमुलस के पीछे भागने में लगे हैं। ऐसे लोगों की तुलना में आपके पास ख़ुद को जानने-पहचानने, कल्पनाशीलता और नयी योजनाएँ बनाने, नये उद्योग खड़े करने या फिर पढ़ाई करने के अवसर ज़्यादा होंगे। इसलिए बोरियत बेकार चीज़ नहीं है। मनुष्य की ज़िंदगी में कोई चीज़ बेकार नहीं होती। यह जीवन-साइकोलॉजी के बड़े वृत्त में किसी न किसी उद्देश्य को पूरा करने के लिए होती है। तो बोरियत का उद्देश्य आपकी ज़िंदगी को आपके जीवन के प्रति अधिक संवेदनशील बनाना है।

कॉमन सेंस सफलता और बेहतर जीवन हासिल करने का कारगर कौशल है।

अध्याय - 10

कॉमन सेंस का इस्तेमाल करें

जब विद्यार्थी इंटरव्यू में हमारे सामने बैठते हैं, तो जानते हैं किस चीज़ का अभाव सबसे ज़्यादा दिखाई देता है? कॉमन सेंस! और यक़ीन मानिए, कॉमन सेंस न केवल सिविल सर्विसेज़ के इंटरव्यू के लिए बहुत ज़रूरी है बल्कि यह जीवन में भी सबसे ज़रूरी चीज़ है। सवाल यह है कि आज के युवाओं में कॉमन सेंस उतनी कॉमन क्यों नहीं है! या मेरी अपेक्षा से कम क्यों दिखाई देता है। इंटरव्यू के दौरान बहुत आधारभूत सवालों के जवाब आप कॉमन सेंस से दे सकते हैं। इसका कारण यह भी है यूपीएससी की माँग एक सामान्यज्ञ की माँग है। इसीलिए तो जनरल स्टडीज़ का पेपर इतना महत्त्वपूर्ण है।

कई बार लोग कॉमन सेंस को कमतर और तकनीकी ज्ञान या विशेषज्ञता को ज़्यादा महत्त्वपूर्ण चीज़ समझते हैं। जबकि कॉमन सेंस सफलता और बेहतर जीवन हासिल करने में कारगर कौशल है। चलिए पहले तो यह समझने की कोशिश करते हैं कि यह कॉमन सेंस की बहस क्या कोई नई बहस है और यह भी जानने की कोशिश करेंगे कॉमन सेंस है क्या।

यह बात मैं बार-बार कहता रहा हूँ कि सिविल सर्विसेज़ की नौकरी एक 'सामान्यज्ञ' की नौकरी है। यह विशेषज्ञ की नौकरी नहीं है। वहाँ लगातार कॉमन सेंस के आधार पर ही डिसीजन मेकिंग होता है।

कॉमन सेंस का बहुत सरल-सा मतलब है- समाज में प्रचलित सामान्य बुद्धि। अर्थात अपने समाज से जुड़े किसी फ़ैसले या राय के लिए किसी अतिरिक्त विशेषज्ञता की ज़रूरत न पड़े। इसकी ज़रूरत पर बहस कोई नयी बहस नहीं है। इस पर साइकोलॉजी और दर्शन में लंबी बहसें हुई हैं। अगर हम थोड़ा अतीत में जाएं तो ई जी मूर नाम के दार्शनिक का एक बहुत महत्त्वपूर्ण निबंध मिलेगा। दर्शन में इस निबंध को क्लासिक माना जाता है। इसका शीर्षक है–**इन डिफेंस ऑफ कॉमन सेंस**। मूर बहुत शानदार उदाहरण लेते हैं। वह कहते हैं कि मेरे पास दो हाथ हैं। इस बात को प्रमाणित करने के लिए कि मेरे पास दो हाथ हैं, किसी अतिरिक्त ज्ञानमीमांसात्मक बहस की ज़रूरत नहीं है। यह पहला हाथ है और यह दूसरा हाथ है, इसके लिए किस दार्शनिक बहस की ज़रूरत है! यह सही है कि दर्शन में इस बात को उतना सहज लिया नहीं जाता। दरअसल कॉमन सेंस इसी दार्शनिक अमूर्तन के विरुद्ध सामान्य की चिंता है। हमें लगता है कि कॉमन सेंस लोगों में बहुत कॉमन चीज़ है। लेकिन सच्चाई यह है कि कई बार ये कॉमन सेंस समाज में उतनी आम नहीं दिखाई देती। हमने बहुत बार विद्यार्थियों से बहुत साधारण चीज़ पूछी है। इसके उत्तर में विद्यार्थी बहुत तकनीकी होने की कोशिश करते हैं।

मेरी बच्ची बहुत छोटी थी। जब उसे पहली बार पता लगा कि पैसा नाम की कोई चीज़ होती है जिसे दुकान पर देने से सामान मिल जाता है, तो जब हम उससे कहते कि बाज़ार चलना है तो वह पैसे माँगती थी। हम कहते कहाँ से आएँगे पैसे? इसपर उसका जवाब होता था कि पैसा एटीएम से आ जाएगा। इसे आप समझ सकते हैं कि जो सवाल हम पूछ रहे थे वह क्या था? हम यह पूछ रहे थे कि धन का स्रोत क्या होता है, उसके लिए क्या करना पड़ता है।

मैं कॉमन सेंस को इसलिए अंडरलाइन कर रहा हूँ क्योंकि समाज में विशेषज्ञ ज्ञान और कॉमन सेंस के बीच एक नकली द्वन्द्व रचा जाता है। बहुत

सारे लोग यह मानकर चलते हैं कि चूँकि आप स्पेशलिस्ट हैं तो आपके पास विशेष ज्ञान है और यह सिद्ध करता है कि आम लोगों की समझ में आने वाली बात, उनका सामान्य ज्ञान ग़लत है। यह सोच ग़लत है। असल में यह एक नकली द्वन्द्व है। विशेषज्ञ ज्ञान, कॉमन सेंस का विरोधी नहीं है। जब आप सिविल सर्वेंट बनेंगे तब आपके पास विशेषज्ञों की एक फौज होगी। अलग-अलग क्षेत्र के विशेषज्ञ होंगे, जो अपने हिसाब से आपको सुझाव व सलाह देंगे। तकनीकी सलाह देना उनकी ज़िम्मेदारी होगी। लेकिन आप डिस्ट्रिक्ट मजिस्ट्रेट हैं तो फ़ैसले लेने का अधिकार आपका होगा। और यह फ़ैसला तमाम तकनीकी इनपुट के आधार पर एक कलेक्टिव समावेशी निर्णय तक पहुँचने की माँग करेगा। और यह करने के लिए आपको जिस चीज़ की ज़रूरत पड़ेगी, वह है– कॉमन सेंस।

मैनेजमेंट में यह बार-बार कहा गया है कि मैनेजमेंट कॉमन सेंस का बेहतरीन इस्तेमाल है। कोई कह सकता है कि आजकल डाटा साइंस आ गया है, आर्टिफिशियल इंटेलिजेंस है, हर तरफ़ ख़ास-ख़ास काम करने वाले तकनीकी टूल उपलब्ध हैं तब आप कॉमन सेंस पर इतना ज़ोर क्यों दे रहे हैं। इसका जवाब यह है कि डिसीजन मेकिंग और क्राइसिस मैनेजमेंट में कॉमन सेंस ही की ज़रूरत पड़ती है। कॉमन सेंस समाज द्वारा सदियों में रचा गया ज्ञान है। और यह आसानी से समझ आता है। इसका तीसरा महत्त्व यह है कि आप ज़्यादा नुकसानदेह फ़ैसलों से बच जाते हैं। इसलिए जिस संस्कृति में आप पैदा हुए हैं, उसमें कॉमन सेंस आपको आसानी से समझ में आ जाती है, इसलिए यह कमतर ज्ञान नहीं है।

जब भी हम कोई महत्त्वपूर्ण फ़ैसला लेते हैं तो वह किन्हीं सिरों पर एक एथिकल फ़ैसला भी होता है। आप विद्यार्थी हों या प्रशासन में किसी महत्त्वपूर्ण पद पर, आपको कुछ न कुछ ऐसे फ़ैसले हमेशा लेने होंगे जिनका एक नैतिक पक्ष होगा और इन फ़ैसलों में जिस चीज़ की सबसे ज़्यादा ज़रूरत पड़ेगी, वह है कॉमन सेंस। क्योंकि किसी फ़ैसले को लोग कैसे देखेंगे यह समझने के लिए सबसे ज़रूरी चीज़ है कॉमन सेंस। इसलिए आजकल एथिक्स बाक़ायदा सिविल सर्विसेज़ के सिलेबस का हिस्सा है।

कॉमन सेंस आपको एक बेहतर नेतृत्वकर्ता बनायेगी, कोई बेहतर नेतृत्वकर्ता यह समझता है कि उसके निर्णयों को कैसे लिया जाएगा। और अगर उसे सहज ढंग से नहीं लिया गया तो सीखने वाली बात यह है कि समाज के कॉमन सेंस का ख्याल रखा जाए।

आप कह सकते हैं कि अगर कॉमन सेंस समाज का सदियों में संचित ज्ञान है तो समाज ने जितनी कॉमन सेंस हमें दी उतनी हममें है! फिर अगर हममें कॉमन सेंस कम है तो मेरा दोष कैसे है?

यह दरअसल उतना सच नहीं है। विशेषज्ञ ज्ञान की माँग होती है कि आप किसी क्षेत्र विशेष में गहन अध्ययन करें। वैसे ही कॉमन सेंस की माँग होती है कि बहुत सारी चीज़ों के बारे में आपका अवलोकन बेहतर हो। तब आप बेहतर कॉमन सेंस वाले व्यक्ति होते हैं। अगर आप मुझसे पूछें कि **कॉमन सेंस अच्छी करने के लिए क्या किया जा सकता है?** मैं कहूँगा, पहले तो आपको यह स्वीकार करना पड़ेगा कि कॉमन सेंस के लिए भी कुछ समय और ऊर्जा लगानी चाहिए क्योंकि आपके विशेषज्ञ ज्ञान में भी इस कॉमन सेंस का इस्तेमाल होगा। अगर आपके पास एक बेहतर कॉमन सेंस हो तो आप अपने सब्जेक्ट की भी बेहतर समझ बना सकते हैं। खैर, इसे हासिल करने का पहला सूत्र यह है कि **आपको इनफॉर्म्ड रहना है**। दिमाग आपके भीतर मौजूद सूचनाओं को ही आपस में जोड़ता है। उनके भीतर अंतर्संबंध पैदा करता है। अगर सूचनाएं आपस में जुड़ रही हैं तो हमारे दिमाग को लगता है कि यह काम की चीज़ है इसलिए उसे दर्ज़ कर लेता है। और अगर वह सूचना अबतक की आपकी सूचनाओं से जुड़ न पा रही हो तो दिमाग को लगता है कि यह कम महत्त्वपूर्ण चीज़ है। इसलिए वह इसे दर्ज़ ही नहीं करता इसलिए आपकी रिकॉल वैल्यू कम हो जाती है। तो, स्टे इनफॉर्म्ड, यह एक शर्त है। इससे आपके अंदर अलग-अलग सूचनाओं के बीच एक रिलेशनशिप बनेगी। दूसरा, आप कई बार बहुत गहराई में सोचने लगते होंगे, कभी तकनीकी तरह से सोचने लगते होंगे, इस कारण आप सामान्य समझ से थोड़ा दूर चले जाते होंगे। इसलिए आपको डायवर्स पर्सपेक्टिव का स्वागत करना चाहिए। इसके लिए उन लोगों से बात कीजिए जो इस विषय में सोच

रहे हों, जिसपर आप सोच रहे हैं। उनसे बात कीजिए जो आपसे भिन्न राय रखते हैं। इससे आपका जो अतिवादी दृष्टिकोण है, वह थोड़ा कम होगा। इससे आप कॉमन सेंस के करीब पहुँचेंगे। इसलिए कहा जाता है कि कॉमन सेंस समाज से उपजी है। इसका सबसे बड़ा स्रोत सामाजिक अनुभव में होता है। व्यवहार और अनुभव से प्राप्त ज्ञान आपके कॉमन सेंस का हिस्सा बनता है और यह प्राथमिक ज्ञान है। और जो ज्ञान आप किताबों से हासिल करते हैं, वह द्वितीयक है। कॉमन सेंस एक्सपीरियंशियल लर्निंग से ज़्यादा पैदा होती है। इसलिए अनुभवों से सीखिए, और सीखते समय जो ज्ञान आप किताबों या मीडिया से पा रहे हैं, उसे बस यों ही मत स्वीकार लीजिए। उन्हें लेकर आलोचनात्मक चिंतन कीजिए और अंततः बच्चे बने रहें। बच्चे बने रहना बहुत ज़रूरी है क्यों? क्योंकि बच्चे में अनंत जिज्ञासा होती है।

छोटे से बच्चे को जिसके पास अब तक भाषा भी नहीं, उसके हाथ में आप खिलौना दे दीजिए, उसके हाथ में खाने की कोई चीज़ दे दीजिए, उसके हाथ में काग़ज़ दे दीजिए वे उसे समझने की कोशिश करते हैं। चूंकि स्वाद की इंद्री बच्चे की प्राथमिक इंद्री है, भोजन बच्चे की प्राथमिकता, इसलिए बच्चा सबसे पहले उसे अपने मुँह में लेकर उसे जानने समझने की कोशिश करेगा। बच्चे बने रहिए, जिज्ञासा को मरने मत दीजिए। यदि आप में क्यूरिऑसिटी होगी तो आप तमाम चीज़ों के बारे में सोचेंगे। मैं कॉमेडियन की बात दोहराता हूँ। उसने कहा कि बच्चे नल खोलते हैं और पानी पी लेते हैं लेकिन यह नहीं सोचते कि पानी कहाँ से आ रहा है और उसके पीछे मोटर नाम की भी कोई चीज़ है, इसके बारे में उन्हें जानने की कोई ज़रूरत नहीं लगती।

अगर आप अपनी क्यूरिऑसिटी को मार डालेंगे तो आपको लगेगा कि नल से ही पानी आता है। अगर आपमें क्यूरिऑसिटी है तो आप चुप नहीं बैठेंगे। तब आप तमाम चीज़ों के बीच इंटर-रिलेशनशिप ढूँढने की कोशिश करेंगे। चाहे वे सूचनाएँ हों, चाहे मशीन हो, चाहे मनुष्य का व्यवहार। यही तो कॉमन सेंस का मुख्य स्रोत है।

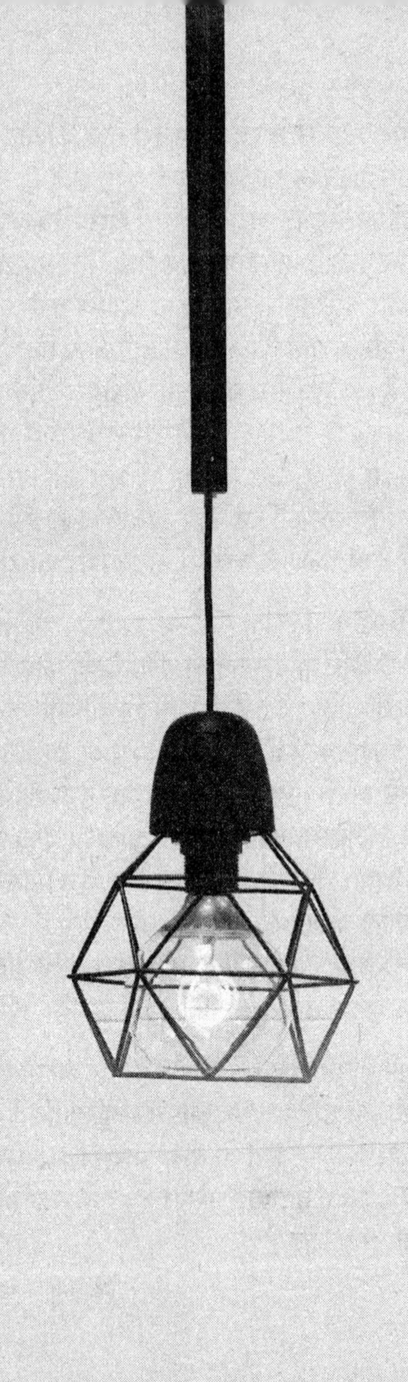

भाग-तीन

सोचने पर सोचिए

- फंडामेंटल एट्रीब्यूशनल एरर
- कन्फर्मेशन बायस
- लॉजिकल फैलेसी

दूसरों को जज करना आसान है लेकिन समझना मुश्किल।

अध्याय - 1

फंडामेंटल एट्रीब्यूशन एरर

मान लीजिए आप सड़क पर चल रहे हैं और आपको एक कार बहुत धीरे या रुक-रुककर चलती हुई दिखाई दे रही हो तो आप तुरंत किसी निष्कर्ष पर पहुँच जाते हैं। ऐसे में आपने लोगों को यह प्रतिक्रिया देते सुना होगा कि *कोई लेडीज़ होगी*। सोचिए कि हमारा दिमाग तत्काल इस निष्कर्ष पर कैसे पहुँचा! इसपर सोचने की ज़रूरत है। यह बहुत सामान्य ग़लती है, जो क्लास के विद्यार्थियों से लेकर यूपीएससी ऐस्परेंट तक में दिखाई पड़ती है। मसलन आप जब आरक्षण, धर्म या लैंगिकता पर कोई बहस देखते हैं तो ऐसी ग़लतियाँ दिखाई देती हैं। जब हम कहते हैं कि महिलाएँ बुरी ड्राइवर होती हैं, महिलाएँ ज़्यादा बातचीत करती हैं, महिलाएँ ज़्यादा लड़ाकू होती हैं तो इसमें गहरी तार्किक असंगति होती है। इस किस्म के जनरलाइजेशन असल में फंडामेंटल एट्रीब्यूशनल एरर ही हैं।

हिंदुस्तान में आप जाति पर कोई बात करें तो अक्सर फंडामेंटल एट्रीब्यूशनल एरर दिखाई पड़ेगा। जब आप किसी जाति विशेष के बारे में

कहते हैं कि वे गंदे रहते हैं तो ऐसा लगता है मानो उस जाति को गंदगी में बहुत आनंद आ रहा होगा? ज़ाहिर हैं, नहीं। गंदगी किसी को पसंद नहीं आती। फिर आप इस जनरलाइजेशन पर तत्काल पहुँचे कैसे? जब आपने यह प्रतिक्रिया दी तो आपके दिमाग में क्या घटा? हुआ यह कि आपको सामने कोई कार्य दिखाई पड़ा और फिर सबसे आसानी से दिखने वाला कारण- आपके दिमाग ने इन दोनों को जोड़ दिया और आपने इसे सही मान लिया। अब आप इसे यों दोहराते हैं जैसे आपने इसपर घंटों सोचा हो। आपने एक समूह देखा, जिसके विषय में आपको दिखाई दिया कि इनकी बस्ती में गंदगी ज़्यादा है। फिर पता लगा कि ये अमुक जाति से आते हैं। अतः आपने निष्कर्ष निकाला कि अमुक जाति के लोग गंदे रहते हैं। मानो उनको इस बात का शौक हो, मानो इस बात से उनको कोई फ़ायदा हो। आपने इस मामले में तमाम बाहरी वजहों को नज़रअंदाज़ करके गंदगी में रहने को व्यक्ति के व्यक्तित्व का हिस्सा मान लिया। असल में आपने चीज़ों के संदर्भ और परिस्थितियों को नज़रंदाज़ कर के व्यक्ति या किसी समूह को जिम्मेदार मान लिया। यहाँ समझना यह है कि जब भी चीज़ों के संदर्भ के बजाय पर्सनैलिटी फैक्टर्स को ओवर एम्फेसाइज़ कर दिया जाता है तो फंडामेंटल एट्रिब्यूशन एरर पैदा होता है।

सिविल सर्विसेज़ परीक्षाओं में जो लोग सफल होते हैं, उनकी सफलता का श्रेय गैर-आनुपातिक तौर पर उनके व्यक्तित्व को दे दिया जाता है। हम कहते हैं कि वह मेहनती था इसलिए सफल हुआ। वह ज़्यादा इंटेलिजेंट था इसलिए सफल हुआ। मैं यह नहीं कह रहा कि इन गुणों की कोई भूमिका नहीं होती। होती है, लेकिन आप व्यक्तिगत गुणों को अधिक एम्फेसाइज़ कर रहे हैं और सिचुएशनल वजहों को, सामाजिक या परिस्थितिगत कारणों को, अंडर एम्फेसाइज़ कर रहे हैं। अगर कोई व्यक्ति सफल हुआ या कोई

व्यक्ति असफल हुआ तो इस व्यक्ति की सफलता और असफलता में जितना महत्त्व उसके व्यक्तिगत गुणों का होगा उससे कहीं ज़्यादा सिचुएशनल चीज़ों का होगा। जैसे उस व्यक्ति की आर्थिक स्थिति कैसी है, उसकी सामाजिक स्थिति कैसी है, कहाँ से पढ़कर आया है। व्यक्ति तमाम किस्म की सामाजिक आर्थिक चीज़ों का उत्पाद होता है और इन चीज़ों का असर उसकी सफलता और असफलता में महत्त्वपूर्ण भूमिका अदा करता है। इसी तरह आप असफलता के लिए दोष देने पर आते हैं तो कहते हैं कि व्यक्ति मेहनती नहीं था या उसमें बुद्धि की कमी थी। यहाँ भी आपने उसके व्यक्तिगत गुणों को उसकी परिस्थितियों और सामाजिक-आर्थिक स्थितियों से ज़्यादा तरजीह दी। यह एक तरह का एट्रिब्यूशनल एरर है।

फंडामेंटल एट्रिब्यूशनल एरर कई बार बहुत बड़ी किस्म की ग़लतियों की वजह बनता है। इससे आप ग़लत निष्कर्षों पर पहुँचते हैं और ग़लत फ़ैसले लेते हैं जिनके परिणाम भयानक होते हैं। आप आमतौर पर व्यक्ति के गुणों या दोषों के आधार पर ही अपने फ़ैसले लेते हैं। ये फ़ैसले आपके करिअर के फ़ैसले हो सकते हैं, परिवार के फ़ैसले हो सकते हैं, ये फ़ैसले सामाजिक या राजनीतिक फ़ैसले हो सकते हैं। आप समझ पा रहे हैं कि क्या गड़बड़ हो रही है? जिन चीज़ों के लिए व्यक्ति के व्यक्तिगत गुण ज़िम्मेदार नहीं थे उनके लिए आपने उनके व्यक्तिगत गुणों को ज़िम्मेदार माना। यह आपको ग़लत निर्णय की तरफ़ ले जाएगा और अगर आप किसी जिम्मेदार पद पर हैं तो इसका प्रभाव बहुत भयानक हो सकता है।

प्रश्न यह है कि मनुष्य ऐसा करता क्यों है? क्योंकि हम सब दरअसल बौद्धिक आलस्य से ग्रस्त हैं। किसी चीज़ को लेकर हम बौद्धिक श्रम नहीं करना चाहते। हम एक बार भी इस बात पर दिमाग नहीं लगाना चाहते कि इसका कारण व्यक्तित्व से बाहर तो नहीं है! ऐसे में जनरलाइजेशन से हमेशा

सहूलियत रहती है। अमुक जाति के लोग ऐसे होते हैं, अमुक धर्म के लोग, अमुक राष्ट्रीयता के लोग, अमुक लैंगिकता के लोग ऐसे होते हैं। किसी बारे में अपनी एक राय तैयार कर लेने के बाद हमारे लिए फ़ैसला लेना बहुत आसान होता है। इससे जब भी हमें कोई फ़ैसला लेना होता है, या किसी चीज़ का विश्लेषण करना होता है तो हमें कार्य-कारण शृंखला बनाने की ज़रूरत नहीं पड़ती। हम पहले से उसके कारणों के प्रति आश्वस्त होते हैं। हम वह श्रम करना ही नहीं चाहते कि किन परिस्थितिजन्य चीज़ों से यह घटना घटी होगी। ऐसे में हमारे बायसेस हमारी बहुत मदद करते हैं। हमारे पूर्वग्रह या स्टीरियोटाइप हमारी मदद करते हैं। जब हम किसी भी चीज़ के विश्लेषण में उतरते हैं तो सबसे पहले अपने स्टीरियोटाइप्स का पिटारा खोलते हैं। ऐसा क्यों होता है? क्योंकि दूसरों को जज करना आसान है और समझना मुश्किल।

कई बार हमें मजबूरन ऐसा करना पड़ता है क्योंकि हमारे पास पर्याप्त सूचनाएँ नहीं होतीं। सामने एक तस्वीर दिखाई दी। हमें पता चला कि इस व्यक्ति का चयन हुआ है, अमुक रैंक आया है। हमारे पास इसके अलावा कोई सूचना नहीं है। हमें नहीं पता कि उसके परिवार की स्थिति क्या थी उसकी आर्थिक स्थिति क्या है, कौन से स्कूल से पढ़ा, कौन से कॉलेज से पढ़ा है, उसको प्रिविलेजेज़ कौन-कौन से मिले हुए थे। ऐसे में हमारे लिए सबसे आसान तरीका यही होता है कि हम सारा श्रेय उसके व्यक्तित्व को दे दें।

हम कहने लगते हैं- अरे सिलेक्शन हुआ है तो बहुत समझदार होगा। उसने ज़्यादा मेहनत की होगी। ये बातें सही भी हो सकती हैं और ग़लत भी। इसलिए किसी निष्कर्ष पर पहुँचने के लिए आपको सूचनाएँ चाहिए और उसके सही विश्लेषण का धैर्य भी। इसके लिए इस समझ को दिमाग में बैठाने की ज़रूरत है कि समाज में होने वाली चीज़ें सामान्यतः एक्सटर्नल फैक्टर्स का

परिणाम होती हैं। हमेशा इसके पीछे हमेशा सोशल-एनवायरमेंटल फैक्टर्स होते हैं। व्यक्ति के व्यवहार में सोशियो-इकोनॉमिक फैक्टर्स काम करते हैं। आपको अपने विश्लेषण और लेखन में यह लाना होगा, आपके बायस इंडिविजुअल ट्रेट्स की बजाय सोशल और सोशियो-इकोनॉमिक ट्रेट्स की तरफ झुके हुए होने चाहिए। ज़्यादा संभव है कि इससे आप एट्रीब्यूशन एरर से बच जाएं। दूसरे, इसका अतिरिक्त फ़ायदा यह होगा कि यह तरीक़ा आपको संवेनशील भी बनाएगा।

जो आपके लिए अनजाने में होता है
वह आपके दिमाग के लिए खूब जाना-बूझा है।

अध्याय - 2

कन्फर्मेशन बायस

आपने कभी गौर किया, जिस विषय की रील आपको दिखाई देती है, उसी विषय की रील आपके दोस्तों या आपके परिवार को नहीं दिखाई देती। ऐसा इसलिए होता है क्योंकि एल्गोरिदम्स जानती है कि आप क्या चाहते हैं और आपकी रुचियाँ क्या हैं। वह आपकी रुचियों के अनुरूप ही सामग्री आपके सामने पेश करती हैं। यह हम सब जानते हैं, लेकिन मेरा उद्देश्य इसके पीछे की वजहों पर बात करना है और यह सिखाना है कि तैयारी की प्रक्रिया में आपको इस एल्गोरिदम से क्यों और कैसे बचना है।

सलेक्टिव अटेंशन: आर्टिफिशियल इंटेलिजेन्स यह जानती है कि मनुष्य जिन चीज़ों को पसंद करता है, उन्हें दोहराना चाहता है। वह अपनी रुचियों को और बढ़ाने व बदलने की बजाय उसे दोहराना पसंद करता है। क्योंकि रुचियों को बदलने या नयी रुचियों की खोज में बहुत ऊर्जा लगती है। इसी तरह जिस चीज़ के बारे में हमारी मान्यताएँ बन चुकी हैं, लगातार उनकी पुष्टि से हमें एक तरह का संतोष मिलता है। साइकोलॉजी में इसी को कन्फर्मेशन बायस कहा जाता है। हम जब किसी विषय में अपनी कोई राय रखते हैं या कुछ मानते हैं, तो उससे अलग कोई तथ्य आने पर हमारा दिमाग बहुत

शातिर तरीके से उसे इग्नोर कर देता है। ऐसा वह बौद्धिक आलस्य के चलते करता है। यहाँ तक कि वह हमारी स्मृतियों या अनुभवों में से अपने अनुकूल चीज़ों को चुनकर उठाता है। इस तरह वह, हमारे दिमाग में अब तक जो पूर्वग्रह या मान्यताएँ बनी हुई हैं, उन्हें लगातार मज़बूत करता जाता है। फिर यह पूर्वग्रह तय करता है कि आपको कौन से तथ्य और बातें याद रहेंगी और किन्हें आपका दिमाग इग्नोर कर देगा। मसलन अगर आप शाकाहारी हैं और उसके पक्ष में सोचते भी हैं तो उससे जुड़े कोटेशन या कथन आपको तत्काल याद आ जाएंगे लेकिन मांसाहार के पक्ष के तथ्य और तर्क आपको याद नहीं आएँगे। मांसाहार के पक्ष में जो तर्क और प्रमाण होंगे, उन्हें आपका दिमाग सचेत ढंग से छोड़ देगा। जो आपके लिए अनजाने में होता है वह आपके दिमाग के लिए खूब जाना बूझा है। तो हमारे दिमाग द्वारा अपने पूर्वग्रहों के अनुकूल चीज़ों का चयन और अलग चीज़ों को छोड़ने को कन्फर्मेशन बायस कहा जाता है।

मस्तिष्क की इस युक्ति का आपकी तैयारी और सफलता पर तो असर पड़ता ही है लेकिन सबसे गहरा प्रभाव पड़ता है समाज पर। एक बौद्धिक मनुष्य से अपेक्षा यह होती है कि वह अपने से उलट तर्कों और तथ्यों से भी वाकिफ़ हो। इससे हम तमाम सांस्कृतिक मसलों पर एक उदारवादी नज़रिया बना पाते हैं।

इस संदर्भ में अगली जो सबसे ज़रूरी चीज़ है, वह यह कि कन्फर्मेशन बायस, रैशनैलिटी के बजाय इमोशंस पर टिका होता है। इसलिए व्यक्ति एक तार्किक और चिंतनशील व्यक्तित्व हासिल करने के बजाय भावुक, अतार्किक और अनावश्यक उत्साही दिखेगा। यह व्यक्तित्व सिविल सर्विसेज़ के प्रतिकूल है- न सिर्फ़ तैयारी के लिए बल्कि सेलेक्शन के बाद के कार्यभार के लिए भी।

कोई पूछ सकता है कि इसे पहचानें कैसे? अगर आप अपनी बात को तो डिफ़ेंड कर लेते हैं, लेकिन अपने से अलग पक्ष में तथ्य और तर्क आपके पास नहीं है, तो मानिए कि आप कन्फर्मेशन बायस के शिकार हैं। यदि आपको

यह इंडिकेशंस दिखाई दे रहे हैं तो मानिए कि आप इस कन्फर्मेशन बायस की जकड़ में हैं। इससे बाहर कैसे निकलेंगे? बाहर निकलने के लिए आपको अपने पूर्वग्रहों से विपरीत पक्ष पर ध्यान देना होगा। कुछ कन्फर्मेशन बायस आपकी लैंगिकता की वजह से आते हैं, कुछ किसी समूह का हिस्सा होने की वजह से, कुछ किसी धर्म, जाति से जुड़ाव की वजह से। इनसे निकलने के लिए आपको अतिरिक्त प्रयास करना पड़ेगा। यदि आप ऐसा नहीं करेंगे तो आपके साथ समाज के लिए भी दिक़्क़त की बात है। मीडिया, सोशल मीडिया, यहाँ तक कि एजुकेशन सिस्टम तक कई बार इस कन्फर्मेशन बायस का शिकार होता है। इसलिए यदि आप कॉन्शियसली अपने को चुनौती नहीं दे रहे हैं, आप अपनी मान्यताओं के विरुद्ध तर्कों पर ध्यान नहीं दे रहे तो इससे निकलना मुश्किल है।

मेमोरी बायस: जैसा मैंने कहा कि हमारा मस्तिष्क बहुत एफीशिएंट मशीन है। इसलिए वह उस डाटा को ज़्यादा प्रॉमिनेंस देता है, जिसके विषय में उसे पता है कि आपको बार-बार इस्तेमाल करना है। आप अपने आग्रहों के ख़िलाफ़ कोई राय सुनने को तैयार ही नहीं हैं, ऐसा आप यह चेतन रूप में भी करते हैं और अचेतन रूप से भी कर रहे होते हैं। आपने जिन चीज़ों को पहले से मान लिया है, आपका दिमाग उसे ही महत्त्व देता है। उसके विरुद्ध के प्रमाणों को याद नहीं करता, उन्हें भूल जाता है। अगर आप इसे काउंटर करना चाहते हैं तो आपको कंफ़र्ट ज़ोन से बाहर आना होगा। आपको कॉन्शियसली उन तर्कों की तरफ देखना पड़ेगा, उन प्रमाणों पर भी ध्यान देना पड़ेगा, उन चीज़ों को भी याद करना पड़ेगा, जो आपकी राय के विरुद्ध हैं। इससे धीरे-धीरे आपके व्यक्तित्व में टॉलरेंस और सहिष्णुता आएगी।

यदि मैं शाकाहारी हूँ, जो कि मैं हूँ, और मैं यह मान लूँ कि खाद्य पदार्थ का मतलब केवल शाकाहार ही होगा। लेकिन क्या यह बहुत सारे अनुभवों में से अपने छोटे से अनुभव और ज्ञान पर अभिमान करने का पर्याप्त कारण है? मैं शाकाहारी हूँ और मेरी ज़िद है कि मैं मांस नहीं खाऊँगा। यह ठीक है, लेकिन यदि आप उसके पक्ष में कोई तर्क सुनना ही नहीं चाहेंगे, आप उसके सांस्कृतिक और भौगोलिक पक्ष नज़रअंदाज कर रहे हैं, तो आप अपना और

अपने समाज का एकसाथ नुकसान करेंगे। आप मूर्तिपूजा में विश्वास करते हैं या नहीं करते, आप धर्म में विश्वास करते हैं या नहीं करते हैं, इससे आपकी जानकारी पर असर नहीं पड़ना चाहिए। आप शरीर के लिए एक्सरसाइज करते हैं तो दिमाग को भी काम पर लगाइए। आप दिमाग को चुनौती देंगे तो शरीर की तरह दिमाग भी स्वस्थ होगा। अगर आपका मस्तिष्क स्वस्थ होगा तो आप अपने से उलट राय को कम से कम सुनने के लिए तो तैयार होंगे! इससे आपका व्यक्तित्व रचनात्मक बनता है, इंक्लूसिव और डायवर्स बनेगा।

इस मामले में मैं आपको ChatGPT का मज़ेदार इस्तेमाल बताता हूँ। किसी और से अपने आग्रहों पर बात करते हुए शायद आपका इमोशन आड़े आये, लेकिन AI से बात करते हुए शायद ऐसा न हो। आप जो भी विश्वास करते हैं, उसे खारिज करने के लिए AI से कह सकते हैं। AI वह सारा तथ्य और तर्क देगा, जो आपके खिलाफ़ हो सकता है। फिर आप देखिए कि आपके पास उन तर्कों का जवाब क्या है। मसलन अगर आपको मारुति का ब्रांड पसंद है तो AI से महिंद्रा के पक्ष में बहस करने के लिए कहिए। मारुति और महिंद्रा की बात तो मैंने यों ही की, क्योंकि आप इससे वाक़िफ़ होंगे। मूल बात यह है कि आपको उस व्यक्ति के तर्कों और पर्सपेक्टिव का भी ज्ञान होना चाहिए, जिससे आप असहमत हैं। कन्फर्मेशन बायस राजनीति, सामाजिक संस्थाओं, परिवार, विवाह, व्यक्तित्व, खानपान और विविध तरह के सांस्कृतिक घटकों पर लागू होता है। जब तक आप अपनी समझ और मान्यताओं के भिन्न पर्सपेक्टिव से वाकिफ़ नहीं हैं तबतक आपके जड़ हो जाने की संभावनाएँ ज़्यादा हैं। आपके लिए यह बहुत ज़रूरी है कि अपने से भिन्न पर्सपेक्टिव से सोचिए। अगर आपके दोस्त आपसे भिन्न सामाजिक-धार्मिक परिवेश से आते हों तो अलग पर्सपेक्टिव पाने के लिए उनसे बात कीजिए। अगर ऐसे दोस्त नहीं हैं तो ChatGPT की मदद लीजिए।

बाइनरी में न सोचें

कई बार हमें ऐसे विद्यार्थी मिलते हैं जिनकी बातचीत और सोच हमें डरा देती है। ऐसा इसलिए होता है क्योंकि हमें वह बातचीत बेहद पोलराइज्ड दिखाई

देती है। ऐसा लगता है कि सामने वाले व्यक्ति को या तो एक्सट्रीम A साइड दिखाई देती है या एक्सट्रीम B साइड। यह बहुत चिंताजनक लगता है। यह ऐसा है जैसे कि किसी को केवल स्याह दिखाई दे या केवल सफ़ेद दिखाई दे। जबकि सच्चाई अक्सर ग्रे शेड्स में होती है। खैर पहले यह समझना चाहिए कि बाइनरी क्या चीज़ है। सामान्य भाषा में जब कोई व्यक्ति किसी चीज़ का सबसे बुरा पक्ष या केवल सबसे अच्छा पक्ष देख पा रहा हो तो इस सोच को बाइनरी कहते हैं। मूल मतलब यह है कि चीज़ों का ऐसा सरलीकरण करना, जिसमें ढेर सारे विकल्पों को नजरंदाज करके सिर्फ़ अच्छे-बुरे या सही-ग़लत का विकल्प चुन लिया जाता है।

आप जानते हैं कि बाइनरी गणित का शब्द है, जिसमें केवल दो डिजिट्स होते हैं- 0-1. ये वही बाइनरी है, जिसके आधार पर डिजिटल टेक्नोलॉजी काम करती है। कुल मिलाकर बाइनरी का मतलब हुआ केवल दो पक्ष होना- है या नहीं है, सही है या ग़लत है, काला है या सफ़ेद है।

क्या जब आप चीज़ों पर सोचते हैं तब आपको अच्छा या बुरा- यही दो पक्ष दिखाई देते हैं या आपको इनके बीच के ग्रे शेड्स भी दिखाई देते हैं? हमें समझना पड़ेगा कि बात कोई भी हो, हमेशा उसकी दो एक्सट्रीम संभावनाओं से ज़्यादा विकल्प मौजूद होते हैं। बाइनरी में सोचने की सबसे बड़ी परेशानी है कि यह जटिलता को ओवर सिंपलीफ़ाई करता है।

लोग जब बाइनरी में सोचना शुरू करते हैं तो इसका प्रभाव समाज पर बहुत डरावना पड़ता है क्योंकि समाज में जब आप केवल सही और केवल ग़लत की तरह देखते हैं तब आपको केवल मित्र और केवल शत्रु दिखाई देते हैं। यह हम सीखते कहाँ हैं? इसका कारण यह है कि हम फिल्म, मीडिया, धार्मिक किताबों और कथाओं की रची एक पोलराइज्ड दुनिया में रहते हैं। अगर आप सिविल सर्विसेज़ की तैयारी कर रहे हैं तो आपको उससे भिन्न सोचना पड़ेगा क्योंकि समाज और ज़िंदगी ज़्यादा जटिल है।

जब आप लॉजिकल फैलेसी को तर्क की तरह पेश करते हैं
तो आप दरअसल सच की तरफ नहीं जा रहे होते।

अध्याय - 3

लॉजिकल फैलेसी

अक्सर आपने यह बात सुनी होगी कि भाई इस व्यक्ति से बात नहीं की जा सकती या इस तरीके से बात नहीं की जा सकती। अगर आपको 'थ्री ईडियट' का डायलॉग याद हो, जिसमें आर माधवन कहता है कि अगर तुम आर्ग्युमेंट में माँ की साड़ी लाओगे तब क्या बात कर सकते हैं। हम इस अध्याय में समझने की कोशिश करेंगे कि बहस में कहाँ तर्क होता है और कहाँ वह तर्क न रहकर तार्किक भ्रांति हो जाता है। आप राजनीतिक भाषणों और टीवी डिबेट्स को सुनें तो हर व्यक्ति पूरी ताक़त से यह दिखाता है मानो वह बहुत अच्छा तर्क कर रहा है। लेकिन क्या वह वास्तव में कोई आर्ग्युमेंट है या तार्किक भ्रांति यानी लॉजिकल फैलेसी है। इस अध्याय में हम कुल सात लॉजिकल फैलेसीज़ की बात करेंगे। इनमें से हर लॉजिकल फैलेसी इंपॉर्टेंट है। इन्हें ध्यान से समझें।

पूरा पढ़कर एहसास होगा कि आपके साथ ऐसा बहुत बार हुआ कि आप किसी के साथ बहस कर रहे थे और आपको लग रहा था कि सामने वाले व्यक्ति का तर्क पकड़ में नहीं आ रहा है। वजह दरअसल यह थी कि वह तर्क

था ही नहीं, वह एक तार्किक भ्रांति यानी लॉजिकल फैलेसी थी। जब आपके सामने कोई चीज़ तर्क या आर्ग्युमेंट की तरह पेश की जाए लेकिन वह तर्क की बजाय सिर्फ़ भटकाने वाली चीज़ हो तो इसको हम लॉजिकल फैलेसी कहेंगे।

बैंडवैगन फैलेसी: जब आपसे कहा जाता है कि इतने सारे लोग यह कर रहे हैं, ग़लत थोड़े ही होगा। इतने लोगों ने वोट दिया है, बात ग़लत थोड़े न होगी। इतने सारे लोग अमुक ब्रांड को खरीद रहे हैं तो ज़रूर कुछ अच्छाई होगी। ऐसे जवाब में हम मूलतः यह कह रहे होते हैं कि जिस तरफ बहुमत है वह चीज़ ग़लत नहीं हो सकती। यह एक तार्किक भ्रांति है। इसे बैंडवैगन फेलेसी कहते हैं। इस आधार पर कि बहुत सारे लोग किसी बात से सहमत हैं तो मान लिया जाता है कि बात ठीक है। इसमें किसी प्रमाण या तर्क को नहीं दे देखा जाता, बस मान लिया जाता है। यदि बहुत सारे लोगों ने एक पार्टी को वोट दिया है तो इसका मतलब है पार्टी ठीक है। बहुत सारे लोगों ने उपभोग के लिए किसी एक ब्रांड को चुना है, तो वह ठीक है। आपको याद आ रहा होगा कि आपके बहुत सारे फॉरवर्ड दरअसल इसी तर्क पर काम करते हैं।

रेड हैरिंग फैलेसी: रेड हैरिंग शब्द आपने पहले भी सुना होगा। हैरिंग दरअसल एक मछली है। इसकी एक कहानी है। शिकारी जब शिकार के लिए निकलते थे तो अक्सर उनके कुत्ते भटक जाते थे। इधर से कोई एक गंध आ रही है दूसरी तरफ से दूसरी गंध आ रही है इस कारण उनको संभालना मुश्किल होता था। इस कारण शिकार में परेशानी आती थी। कहा जाता है कि शिकारियों ने एक तरीका निकाला, उन्होंने हैरिंग नाम की तेज़ गंध वाली मछली को एक रस्सी में बाँधा और रास्ते में उसको घसीट दिया। जिससे मछली की गंध ही प्राइमरी गंध हो गयी और कुत्ते किसी और भिन्न दिशा में जाने की जगह इस गंध में उलझ गये।

यह वह तार्किक फैलेसी है, जिसमें विषय की बजाय कोई अलग चीज़ लायी जाए। वह बात सच भी हो सकती है लेकिन महत्त्वपूर्ण बात है कि जिस बारे में तर्क हो रहा था उस तर्क से जुड़ी हुई नहीं होती। मान लीजिए चुनाव

के समय आप किसी नेता से पूछें कि आप बेरोज़गारी कम करने के लिए क्या कर रहे हैं तो वह कह सकते हैं- *देखिए अगर आप बेरोज़गारी की बात कर रहें हैं तो पहले यह देखिए कि हमारे देश में कितने टॉयलेट बने, हमारे देश में पर्यावरण की समस्या थोड़ी-सी सॉल्व हो गयी या देखिए कि हमने मंदिर बना दिया।* बात यह नहीं है कि कौन-सी पार्टी ऐसा कर रही है। यह तो सारी पार्टियां करती हैं। सवाल है कि यह एक लॉजिकल फैलेसी है। चाहे यह आम बातचीत में हो, क्लासरूम में हो या फिर टेलीविजन डिबेट पर। जब भी आप मुख्य बिंदु से अलग तर्कों को लेकर आते हैं तो यह रेड हैरिंग फैलेसी कहलाती है। यहाँ यह नहीं कहा जा रहा कि जो बिंदु आप लेकर आये वह सच है या झूठ है। वह सच भी हो सकता है वह झूठ भी। वह सच है तब भी यह एक लॉजिकल फैलेसी है, झूठ है तब भी।

स्लिपरी स्लोप फैलेसी: मान लीजिए आप किसी व्यक्ति से कहें कि अमुक कार्य करना चाहिए। तो दूसरा व्यक्ति बजाय यह कहने के कि किस वजह से यह कार्य नहीं करना चाहिए, वह ऐसे चार कारण गिना दे कि अगर आपने ऐसा किया तो इससे यह हो जाएगा, यह हो गया तो इतने का नुकसान होगा। वह इस तरह से एक डोमिनो इफेक्ट दिखाने की कोशिश करे। यानी कि जब आप यह भय पैदा करते हैं कि अगर ऐसा किया तो इससे यह हो जाएगा तो यह एक स्लिपरी स्लोप है। इस पर जाने के बाद आप कहीं रुक नहीं पाएँगे। इसलिए यह स्लिपरी स्लोप फैलेसी कहलाती है। मान लीजिए ईवीएम पर बहस हो रही है। आपने बहस ये की कि ईवीएम एकदम दुरुस्त है। दूसरा व्यक्ति कहता है कि नहीं ईवीएम गलत है, इसे बदलना चाहिए। ऐसे में आप बजाय ईवीएम पर तर्क करने के इस तर्क पर जाएं कि अगर ईवीएम को हटाया गया तो अमुक कंपनी को दिया गया कांट्रैक्ट बेकार हो जाएगा और उससे बेरोज़गारी पैदा होगी। हो सकता है कि आप जो कह रहे हैं वो बातें आपस में जुड़ती भी हों लेकिन यह उस मूल तर्क को संबोधित नहीं करती, जिसपर चर्चा हो रही है। अगर आप एक तार्किक और मीनिंगफुल डायलॉग करना चाहते हैं तो आपके पास पहले तो यह ईमानदारी होनी चाहिए कि आप

स्लिपरी स्लोप फैलेसी का ख़ुद इस्तेमाल नहीं करेंगे। दूसरा यह भी महत्त्वपूर्ण है कि आपके पास यह क्षमता भी होनी चाहिए कि आप तर्क को लॉजिकल फैलेसी से अलग कर सकें। कहीं ऐसा तो नहीं कि सामने वाला व्यक्ति तर्क में दरअसल एक लॉजिकल फैलेसी इस्तेमाल कर रहा हो और आप उसे पहचान ही न पाएँ। अगर ऐसा हुआ तो यह तार्किक रूप से उचित बात नहीं होगी। मसलन आपसे कहा जाए कि अगर आपने अमुक पार्टी को वोट नहीं दिया तो हमारे देश में अमुक-अमुक समस्याएँ पैदा हो जाएंगी। आप ये नहीं कह रहे कि क्यों देना चाहिए। आप कह रहे हैं कि यदि नहीं दिया तो इसके कॉन्सीक्वेंसेस में एक-दो-तीन-चार डोमिनोस इफेक्ट हैं। आप नेताओं के भाषण में इसे आसानी से पा सकते हैं। लेकिन आप सिविल सर्विसेज़ की तैयारी में हैं तो आपको खुद बचने और दूसरों को पकड़ने का अभ्यास होना चाहिए।

हेस्टी जनरलाइजेशन: अबतक हम तीन लॉजिकल फैलेसी की बात कर चुके हैं लेकिन सबसे रोचक और सबसे ज़्यादा इस्तेमाल की जाने वाली लॉजिकल फैलेसी है- हेस्टी जनरलाइजेशन। इसे क्लासरूम में, टेलीविजन या सोशल मीडिया पर आसानी से देख सकते हैं। असल में यह बहुत जल्दबाजी में किया गया सामान्यीकरण है। यह सबसे ज़्यादा होता है, क्योंकि इसमें सबसे कम श्रम लगता है। बहुत पहले कभी पीली कमीज़ पहनने वाले व्यक्ति ने आपको धोखा दिया था। आप स्कूल में थे और पीली कमीज़ वाले किसी बच्चे ने आपके साथ लड़ाई की। इस लड़ाई से आपको चोट लग गयी। अब आप इसके आधार पर यह निष्कर्ष निकाल लें कि पीली कमीज़ पहनने वाले लोग हिंसक और धोखाबाज़ होते हैं तो यह फैलेसी है। आप समझ रहे होंगे कि इसमें क्या गड़बड़ है। यद्यपि वह आपके अनुभव में वास्तव में हुआ था इसलिए आपको लगेगा कि आपके पास ऐसा सोचने का तार्किक आधार है। लेकिन यह जनरलाइजेशन जल्दबाजी में किया गया और इसको कतई हर स्थिति पर लागू नहीं किया जा सकता। लोग यह क्यों करते हैं? क्योंकि इसमें बौद्धिक श्रम नहीं लगता। इसमें किसी प्रमाण की ज़रूरत नहीं पड़ती।

इसमें किसी रिसर्च की ज़रूरत नहीं पड़ती। चुनावों में जब किन्हीं समुदायों को जज करने को कहा जाता है तो उसमें समुदायों को लेकर नकारात्मक जनरलाइजेशन होता है। चुनावों में धर्म और जाति को लेकर भयानक जनरलाइजेशन किये जाते हैं। अगर आप इसमें विश्वास करते हैं या आप स्वयं इस तरह के जनरलाइजेशन कर रहते हैं तो इसका एक ही मतलब है कि आप बौद्धिक श्रम से बचना चाहते हैं। यह तार्किक भ्रांति आपको चारों तरफ दिखाई देगी, ख़ास तौर से सोशल मीडिया पर। क्योंकि वहाँ पर आपको इसके लिए कोई तर्क जुटाना नहीं पड़ता। आप किसी भी व्यक्ति के धर्म पर, कपड़ों पर, लैंगिकता या सेक्सुअल ओरिएंटेशन पर एकदम निष्कर्षात्मक टिप्पणियाँ कर सकते हैं। यदि यह आपके साथ हो और आप इसे स्वीकार कर लेते हैं तो इसका मतलब है कि आप खुद के महत्त्व को कम कर रहे हैं। यदि आप किसी अन्य के साथ ऐसा करते हैं तो आप उस व्यक्ति के प्रति बहुत हद तक असम्मान कर रहे हैं। आप मानकर चल रहे हैं कि उसके पास बौद्धिक क्षमता ही नहीं कि वह इसे समझ सके।

एड होमिनम फैलेसी: यह एक तकनीकी शब्द है, जिसका कुल मिलाकर मतलब यह है कि व्यक्ति पर चोट करो, अटैक द पर्सन। यह एक भिन्न तरीके की लॉजिकल फैलेसी है। हाल के दिनों में इसका उपयोग ज़्यादा बढ़ गया है। लेकिन यह हमेशा से इस्तेमाल होता है। जैसे जब एक आर्थिक सलाहकार ने यूपीएससी की परीक्षाओं को लेकर टिप्पणी की तो लोग इस तर्क पर बात करने की बजाय उस व्यक्ति पर टूट पड़े। उसको मूर्ख सिद्ध करने लगे और उसकी नियत पर शक करने लगे। यह एड होमिनम फैलेसी है। जिसका मतलब है कि आप किसी तर्क का जवाब देने के बजाय उस व्यक्ति पर आरोपण शुरू करते हैं। उस व्यक्ति पर अटैक करते हैं। आपको ऐसे बहुत सारे उदाहरण अपने आसपास मिलेंगे। जब कोई व्यक्ति तर्क करेगा तो कहा जाएगा कि इस व्यक्ति पर विश्वास ही नहीं किया जा सकता। हो सकता है आपकी बात सही हो कि व्यक्ति अविश्वसनीय है। लेकिन अविश्वसनीय व्यक्ति भी जब एक तर्क सामने रख रहा हो तो आप केवल व्यक्ति को अविश्वसनीय कहकर

उस तर्क को खारिज नहीं कर सकते। उस तर्क को खारिज करने के लिए जो बौद्धिकता चाहिए, वो तो आपको दिखानी ही पड़ेगी।

फॉल्स कॉज-कॉजेशन फैलेसी: मान लीजिए कि कोई व्यक्ति यह कहे कि जब मैं रेड कलर की शर्ट पहनकर आया- मेरी टीम जीत गयी। अब ये दोनों बातें सच हो सकती हैं। वह व्यक्ति वाकई लाल कमीज़ पहनकर मैच देखने गया था और यह भी सच हो सकता है कि उस दिन उसकी टीम जीत भी गयी हो। लेकिन यदि इनके बीच में संबंध स्थापित करने की कोशिश की जाए और वह कहे कि चूँकि मैं लाल कमीज़ पहनकर गया था इसलिए अमुक टीम मैच जीत गयी तो आप देखेंगे कि इनके बीच में कार्यकारण शृंखला उचित नहीं है। यह जो कार्य-कारण शृंखला भ्रांतिपूर्ण तरीके से पैदा की जाती है, इसे ही फॉल्स कॉज- कॉजेशन फैलेसी कहा जाता है। यानी कि कार्य-कारण शृंखला में जो कार्य है उसका सही कारण यह नहीं है। आप लोगों ने रीजनिंग में ऐसे बहुत सारे सवालों को देखा होगा। यह जो लॉजिकल फैलेसी है, यह ग़लत कार्य कारण शृंखला की लॉजिकल फैलेसी है।

आइदर ऑर फैलेसी: मान लीजिए एक सेल्समैन आपके पास आया। वह आपसे बातचीत कर रहा है। उसने आपको अपना कोई सामान खरीदने या बेचने के लिए राजी करने की कोशिश की। उसके बाद वह आपसे सवाल पूछता है कि सर आप इस प्रोडक्ट के लिए नगद पेमेंट करना चाहेंगे या फिर चेक से? वैसे चेक से पेमेंट करना अच्छा रहेगा। अब देखिए कि क्या तर्क सामने पेश किया गया है। आपको कहा गया है कि इस समय आपके पास दो ही विकल्प मौजूद हैं और उसमें किसी एक की तरफ इशारा भी कर दिया गया कि वही बेहतर है। जबकि सही बात यह है कि सिर्फ़ दो ही विकल्प नहीं हैं। न खरीदना भी एक विकल्प है, जो आपके पास मौजूद है, जिसमें आपको न चेक से पेमेंट करनी है न कैश से। यह आइदर ऑर फैलेसी कहलाती है। जिसमें तमाम तार्किक स्थिति को दो ही विकल्पों में रिड्यूस कर दिया जाए। मसलन आपसे यह कहा जाए कि देखिए आपके पास दो ही विकल्प हैं, या

तो आप इस पार्टी को चुनिए या फिर देश को बर्बाद होने दीजिए और इस पार्टी को चुनना बेहतर रहेगा। अब सच्चाई यह है कि केवल यही दो विकल्प मौजूद नहीं हैं। चुनाव में आपको बारबार यह सुनाई देगा।

हम लोगों ने सात महत्त्वपूर्ण लॉजिकल फैलेसी को समझा। मेरा दावा है कि आप जिस तमाम किस्म की बहसों को पढ़ते या देखते हैं, उनमें से 90 फीसद बहस लॉजिकल फैलेसी से चल रही होती हैं। कई बार तो ऐसी मनोरंजक स्थिति होती है कि दोनों पक्ष लॉजिकल फैलेसी दे रहे रहे होते हैं। इसके चलते टीवी डिबेट्स की विश्वसनीयता घटती गयी है। जब आप लॉजिकल फैलेसी को तर्क की तरह पेश करते हैं तो आप दरअसल सच की तरफ नहीं जा रहे होते। लॉजिकल फैलेसी क्रिटिकल थिंकिंग के रास्ते में एक बाधा है। लॉजिकल फैलेसी से अक्सर जो परिणाम निकलते हैं अवैध या अपर्याप्त होते हैं और यह स्वाभाविक तौर पर कम्युनिकेशन को बाधित करते हैं।

भाग-चार

व्यक्तित्व

- पब्लिक स्पीकिंग
- बॉडी लैंग्वेज
- इंटरव्यू में रेड फ्लैग
- व्यक्तित्व की गहराई

3 M

मैटर
मेथड
मैनर

अध्याय - 1

पब्लिक स्पीकिंग

माननीय अध्यक्ष महोदय और उपस्थित सभ्य समाज, आज मैं आपके सामने जिस विषय पर बातचीत करने आया हूँ...

ये डिबेट की शुरुआती पंक्तियाँ हैं, जिन्हें आपने बार-बार बोला या सुना होगा। मैंने पहली डिबेट आज से करीब 40 साल पहले की थी। यह बात 1983-84 की होगी, जब मैं छठी कक्षा में था। उसके बाद से लगातार मैं डिबेट में सहभागी रहा हूँ- कहीं जज रहा हूँ तो डिबेटिंग कोच के तौर पर विद्यार्थियों को इसके लिए तैयार करता आया हूँ। अपने तजुर्बे से कह सकता हूँ कि यह सिर्फ़ विद्यार्थी जीवन की चीज़ नहीं है। यह सामाजिक जीवन के लिए अनिवार्य क्षमता है। ख़ास तौर से अगर आप सिविल सर्विसेज़ में जाना चाहते हैं तो इन्टरव्यू से लेकर बाद के करिअर तक के लिए प्रभावी अभिव्यक्ति क्षमता ज़रूरी है।

मैंने पाया है कि विद्यार्थी पब्लिक स्पीकिंग को लेकर भयभीत रहते हैं और इसे निरर्थक हौव्वा बनाते हैं। कुछ को लगता है कि वे पब्लिक स्पीकिंग नहीं कर सकते। इससे व्यक्तित्व के विकास में कुछ कमियाँ रह जाती हैं।

असल में सामान्य बातचीत में भी, जब एक से ज़्यादा लोगों के साथ आप बातचीत कर रहे होते हैं, तब भी इस क्षमता की ज़रूरत पड़ती है। अगर आप लोगों ने कभी डिबेटिंग की जजमेंट सुनी हो तो निर्णायक मंडल आपको बताता था कि किन आधारों पर आपको जज किया गया। उनमें से कुछ बिंदुओं पर हम इस अध्याय में चर्चा करेंगे। हम इस अध्याय में समझने की कोशिश करेंगे कि जब आपको किसी विषय पर बोलना हो तब आप तीन चीज़ों का ध्यान रखें।

पब्लिक स्पीकिंग के भय: भाषण कला या पब्लिक स्पीकिंग केवल आपके व्यक्तित्व के लिए ही महत्त्वपूर्ण नहीं है बल्कि प्रोफेशनल ग्रोथ के लिए भी इसकी चर्चा बार-बार की जाती है। ऐसा नहीं है कि यह जीवन में आगे बढ़ने का यह एकमात्र तरीका है। लेकिन सोचने पर आप पाएँगे कि मनुष्य अभिव्यक्ति करने के लिए प्राकृतिक तौर पर सक्षम है। यानी मनुष्य को गैर-मनुष्य से जो चीज़ अलग करती है, वह उसकी भाषा या विचारों की अभिव्यक्ति है। वह जो सोचता है, उसे कह सकता है। इसलिए इसे और प्रभावी तरीके से कह पाना उसे कई सारी स्थितियों में बेहतर बनाता है। आप जानते हैं कि कुछ तो ऐसे व्यवसाय या रोज़गार हैं, जहाँ पब्लिक स्पीकिंग का गुण आपकी बातचीत, आपके व्यक्तित्व और करियर का मुख्य बिंदु होता है। मतलब अगर आप शिक्षक, पत्रकार या एडमिनिस्ट्रेटर हैं तो आपको बार-बार पब्लिक स्पीकिंग की ज़रूरत पड़ेगी। इसी तरह अगर सामाजिक या राजनीतिक क्षेत्र में हैं तो आपको पब्लिक स्पीकिंग की बार-बार ज़रूरत पड़ने वाली है। जहाँ सीधे इसकी ज़रूरत नहीं दिखती वहाँ भी इसकी ज़रूरत पड़ती है। मसलन आप सॉफ़्टवेयर डेवलपर हैं। लेकिन अगर आपको कोई टीम लीड करने के लिए दे दिया जाए तो यह अनिवार्य हो जाएगा। आपको मोहल्ले की सुधार समिति में इसकी ज़रूरत पड़ेगी। असल में जहाँ भी एक से ज़्यादा लोग हों और उन्हें किसी उद्देश्य पर कुछ करना हो, वहाँ अभिव्यक्ति क्षमता अनिवार्य हो जाती है।

ऐसा करने में परेशानी क्या है? यही सबसे पहले समझने वाली चीज़ है। यह चीज़ है- डर। क्योंकि, जैसा मैंने पहले कहा, मनुष्य बोलने के लिए प्राकृतिक रूप से सक्षम है। इसके लिए उसके पास वोकल कॉर्ड है, उसकी वागेंद्रियाँ हैं। यानी बोलने के लिए हमारे पास वो सारे सक्षम अंग हैं, जो ज़रूरी हैं। इसका मतलब ये है कि मनुष्य बोलने के लिए बना है। फिर ऐसा क्या है कि जब उसे कुछ लोगों से बात करनी होती है तो उसे डर लगने लगता है?

फ़ियर ऑफ जजमेंट: पब्लिक स्पीकिंग का पहला फ़ियर, फ़ियर ऑफ जजमेंट है। याद कीजिए अपना पहला भाषण। जब आपको स्कूल में या कॉलेज में कोई विषय दिया गया और कहा गया कि जाइए मंच पर बोलिए। तब आपको कैसा लगा था? सामान्यतः यह अनुभव सज़ा की तरह होता है। अगर मैंने ऐसा बोला तो मेरे बारे में यह राय बनेगी अगर मैं ठीक से नहीं बोल पाया तो मेरे बारे में यह कहा जाएगा। तो, दूसरों की राय और जजमेंट आपको अक्सर डरता है।

फ़ियर ऑफ फॉरगेटिंग: दूसरा डर है भूल जाने का। आपने बोलने के बारे में बहुत कुछ सोचा हुआ है लेकिन आप इस बात से डर रहे हैं कि जब मंच पर पहुँचेंगे तो भूल जाएंगे। असल में आपके साथ बचपन में ऐसा कुछ हुआ होगा। बचपन में आपने किसी कविता को बहुत अच्छे से याद किया। आपको पूरा यक़ीन था कि आप सुना ले जाएंगे, लेकिन जब आप मंच पर पहुँचे और सामने लोगों को देखा तो हाथ-पाँव फ़ूलने लगे- अब आपको वह कविता भूल चुकी थी या आप बीच की कुछ पंक्तियाँ भूल गये थे।

फ़ियर ऑफ बीईंग रेडिक्युलस: इससे जुड़ा हुआ तीसरा भय यह है कि आप बोलेंगे तो लोग आप पर हँसेंगे, लोग आपको हलका समझेंगे। यह दिमाग में आते ही आपका कॉन्फिडेंस डगमगाने लगता है। सवाल यह है कि आप इन्हें काउंटर कैसे करें। इस विषय पर मैं अपने अनुभव से कुछ बातें बता सकता

हूँ। लेकिन फिलहाल आपको अपने व्यक्तित्व को अपनी पब्लिक स्पीकिंग के हिसाब से पहचानना है। आपको समझना होगा कि आपके भय कौन से हैं।

जब हम बड़े हो रहे थे तो पब्लिक स्पीकिंग के अवसर काफी कम थे। उसकी अपेक्षा आज आपके पास पब्लिक स्पीकिंग के अवसर ज़्यादा हैं। उसकी वजह है मोबाइल फ़ोन। मोबाइल फ़ोन का मतलब है कि आप लोगों के पास कैमरा है, आप लोगों के पास माइक्रोफ़ोन है और आपके पास ऑडियंस है। चाहे आप अपने परिवार के व्हाट्सएप ग्रुप में ही कोई ऑडियो मैसेज या वीडियो मैसेज रिकॉर्ड करके भेजिए, यह भी पब्लिक स्पीकिंग का ही एक रूप है।

इस पूरी बातचीत में हम मोबाइल फ़ोन को एक महत्त्वपूर्ण उपकरण की तरह इस्तेमाल करने वाले हैं।

इस अध्याय में आपसे मेरी पहली माँग यह है कि **अपने भय को पहचानिए**। इन तीन भयों में से कोई एक है, तीनों हैं या इन तीनों के अलावा कोई और भय है। वह कौन सा भय है जिसकी वजह से आप कम्फर्टेबल नहीं होते, जिसकी वजह से आप उसे एन्जॉय नहीं करते। क्या आपको भूल जाने का डर है! क्या आपको जजमेंट का डर या फिर आपको अपने पर हँसे जाने का डर है! आप पहले इसे पहचानिए।

अब दूसरी एक्सरसाइज। यह **एक्सरसाइज अपनी आवाज़ को बार-बार सुनने और अपनी शक्ल को देखने की है**। आप कहेंगे कि सर यह क्या बात हुई? यक़ीन मानिए अपनी आवाज़ को सुनना बहुत ही त्रासद प्रक्रिया है। इसका कारण यह है कि जब हम बोलते हैं तो हम कान के ज़रिये ख़ुद को नहीं सुनते। हममें से अधिकांश ने दूसरों की आवाज़ की तरह अपनी आवाज़ सुनी ही नहीं होती। इसलिए जब कभी हमें अपनी आवाज़ को सुनना पड़ता है, तो हमें हैरानी होती है, हमें वो बुरी लगती है। हमें वो पसंद नहीं आती। हमें लगता है कि दूसरे लोग जब इस आवाज़ को सुनेंगे तो वे हँसेंगे।

अब प्रश्न बनता है कि इससे निकलने का तरीका क्या है?

1 मिनट का वीडियो।

यह आपकी पहली एक्सरसाइज़ है।

अपना मोबाइल फ़ोन सामने रखिए। फ़ोन को अपनी आई लेवल पर रखें। देखिए कि उसका कैमरा कहाँ है। उस कैमरे में देखिए। अगर आप फ़ोन को किसी जगह पर स्थिर रख सकते हैं तो अच्छा है, अगर नहीं तो सेल्फ़ी मोड में करके हाथ में पकड़ सकते हैं। बेहतर है कि पहली बार केवल एक मिनट का वीडियो बनाएं। आकलन करके वीडियो बनाएं कि आपको पब्लिक स्पीकिंग में किस बात से डर लगता है। आपके भय क्या हैं। अगर आप केवल इतना कर पाएँगे तो अपने भय और दिक्कतों को पहचान लेंगे। यह कोई मुश्किल एक्सरसाइज नहीं है और मैं यह भी नहीं कह रहा कि 50 लोगों के सामने बोलना है। अभी तो सिर्फ़ अकेले में बोलना है। वीडियो बन जाने के बाद इसे पूरा देखिए। मैं देखने पर ज़ोर इसलिए दे रहा हूँ क्योंकि किसी को अपनी आवाज़ पसंद नहीं आती। मुझे संदेह है कि लता मंगेशकर जी को भी अपनी आवाज़ पसंद आती होगी। तो अगर आपको अपनी आवाज़ पसंद नहीं आ रही है तो इसलिए नहीं कि वह ख़राब है, बल्कि अपनी आवाज़ पसंद न आना मनुष्य की प्रकृति है। इसलिए 1 मिनट के इस वीडियो को पूरा देखिए और इस भय को दर्ज कीजिए। एक-दो बार की एक्सरसाइज से आप पाएँगे कि आप पहले की तुलना में ज़्यादा तैयार हैं।

स्पीकिंग में 3M: आम तौर पर 3M की बात होती है। जिसमें सबसे पहला M, जिसके साथ दरअसल कभी समझौता नहीं हो सकता, वह है **मैटर**। यानी कि आप पब्लिक स्पीकिंग में क्या बोलने वाले हैं। इसका सही चयन और क्लैरिटी ही मैटर है। स्पीकिंग में मैटर का मतलब मैसेज है। किसी विषय पर आपका मैसेज क्या है। तो पब्लिक स्पीकिंग में सबसे पहली यूनिट में यही समझना है कि आपका मैसेज क्या है।

इस चीज़ पर पकड़, तैयारी की माँग करती है। हर व्यक्ति हमेशा एक्सटेंपोर नहीं बोल सकता। बल्कि इससे बचना चाहिए। मसलन डिबेट शुरू किये हुए मुझे 40 साल हो गये और हजारों बार मंच पर होने के बावजूद मैं आज भी जब मंच पर या कैमरे के सामने जाता हूँ तो उससे पहले कुछ पढ़ना और तैयारी करना ज़रूरी मानता हूँ, क्योंकि मैटर से समझौता नहीं हो सकता। दिये गये समय में जितनी तैयारी कर सकते हैं, आपको उतनी तैयारी करनी ही चाहिए। जिस विषय पर आप बोलने वाले हैं उसपर आप क्या साबित करने वाले हैं और उसके पक्ष में आप तर्क क्या देने वाले हैं? और फिर आपके मुख्य तर्क के सपोर्टिंग तर्क और तथ्य क्या हैं? मतलब कि मैटर सबसे ज़रूरी चीज़ है, वह आपके पास होना ही चाहिए। बल्कि उसके तर्क और तथ्यों की एक सीधी शृंखला होनी चाहिए।

सामान्य समझ यह कहती है कि यदि आपको 5 मिनट बोलना हो और आप उसे लिखें तो आपके पास रिटेन टेक्स्ट में 750 से 800 शब्द होने चाहिए। लेकिन अगर आप उसे बुलेट पॉइंट्स में बाँटना चाहते हैं तो मैं कहूँगा कि कम से कम तीन प्राइमरी आर्ग्युमेंट आपके पास होने चाहिए। जिसमें एक आर्ग्युमेंट वह होगा, जिसे एँकर आर्ग्युमेंट कहते हैं। यह बहुत महत्त्वपूर्ण बात है। एँकर आर्ग्युमेंट वह मुख्य तर्क होता है जिस पर बाकी के तर्क आधारित होते हैं। आप किसी भी विषय पर बातचीत कर सकते हैं। मसलन मान लीजिए आप विज्ञान पर बातचीत कर रहे हैं। आपका एँकर आर्ग्युमेंट ये है कि विज्ञान का मतलब वही नहीं है जो प्रयोगशालाओं में होता है बल्कि विज्ञान का मतलब है किसी विषय का व्यवस्थित अध्ययन। यह हुआ आपका एँकर आर्ग्युमेंट। बाकी के आर्ग्युमेंट इसी से निकलेंगे।

अब आते हैं दूसरे महत्त्वपूर्ण बिंदु पर- **मेथड**। स्कूल की बात हो, कॉलेज की बात हो, कंपटीशन की बात हो या सामान्य बातचीत, हम अक्सर इसे नज़रअंदाज कर देते हैं। मेथड का मतलब है कि आप इस विषयवस्तु को कैसे सजाने वाले हैं। आप कैसे पहला आर्ग्युमेंट रखेंगे उसके बाद दूसरा आर्ग्युमेंट कैसे आयेगा, फिर तीसरा।

इंटरव्यू में जब कैंडिडेट सामने बैठते हैं तो हम बार-बार कहते हैं कि अगर आप किसी ऐसे प्रश्न का जवाब दे रहे हैं, जो तथ्यात्मक नहीं है, तो अपनी बातों को तीन आधारभूत तर्कों में बाँट लीजिए। इन तीन बिंदुओं को महत्त्व के घटते हुए क्रम में लगा दीजिए। आपसे पूछा गया कि अमुक राज्य में कानून और व्यवस्था की स्थिति सुधारने के लिए आप क्या करेंगे? आपने इस बारे में तीन चीज़ें सोची। आपने सोचा कि लॉ एंड ऑर्डर पर बात करेंगे। आपने सोचा कि सोशल और एजुकेशन सेक्टर पर बात करेंगे। आपने कहा कि आप अवेयरनेस पर बात करेंगे। अपने पक्ष में आप ये तीन आर्ग्युमेंट सोच पाये। अब आप इन तर्कों को महत्त्व के घटते क्रम में लगा दीजिए। सबसे पहले लॉ एंड ऑर्डर पे बात कीजिए। उसके बाद अवेयरनेस पर। और फिर लॉन्ग टर्म रणनीति पर आएँगे तो एजुकेशन और सोशल सेक्टर की बात करेंगे। यह एक मेथड है। अगर आपने गौर किया हो तो अपनी किसी बात के पक्ष में तर्क देते हुए आप ऐसा ही करते होंगे। हालाँकि पब्लिक स्पीकिंग में यह मेथड न सिर्फ़ क्लियर होना चाहिए बल्कि अच्छा वक्ता वह माना जाता है जो शुरुआत में ही अपने मेथड को ऑडीयंस के साथ शेयर करे। वह यह बता दे कि मैं अपने वक्तव्य में इन-इन बिंदुओं पर बात करूँगा और उनके पक्ष में मेरे ये तर्क हैं।

आप चाहे एकेडमिक प्रेजेंटेशन कर रहे हों, चाहे जनता से बातचीत कर रहे हों, वोट माँग रहे हों, मोहल्ले की सुधार समिति, जनरल बॉडी मीटिंग या पेरेंट्स टीचर्स मीटिंग में हों। कहीं किसी भी जगह हों, आपको पता होना चाहिए कि मैसेज क्या है। आप क्या कहना चाह रहे हैं, यह आपको स्पष्ट होना चाहिए कि आपको अपनी बात रखने के जो 3-5-15 मिनट दिये गये हैं उसमें बात कहने का आपका मेथड क्या होने वाला है।

मेथड तीन प्रकार के होते हैं। कई बार आपके पास कुछ इनफ़ॉर्मेशन होते हैं, वही बताना होता है। ऐसे में आपका मेथड आमतौर पर इनफॉर्मेटिव हो सकता है। इनफॉरमेटिव मेथड आसान है। आप खड़े होकर कह सकते हैं

कि सर इस बारे में मुझे कुछ सूचनाएँ साझा करनी हैं। फिर आप एक-दो-तीन करके इन सूचनाओं को महत्त्व के क्रम में रखें। चूँकि इन सूचनाओं में उनकी रुचि है इसलिए वे इसे सुनेंगे।

दूसरा मेथड अपेक्षाकृत कठिन है- परसुएसिव मेथड। जैसे कि मैं इस समय बातचीत कर रहा हूँ। जब आपको अन्य पक्ष को सहमत करने की कोशिश करनी हो। ऐसे में आपको ऑडिएन्स से कनेक्ट करना होता है। इस मेथड में आप अपनी बात उस बिन्दु से शुरू करते हैं, जिसपर सब लोग सहमत हों। फिर असहमति वाले बिंदु तक जाइए। इस मेथड की ख़ासियत यह है कि ऑडिएन्स आपके साथ कनेक्ट होगी और लोग आपकी बातों को गंभीरता से सुनेंगे।

पब्लिक स्पीकिंग का तीसरा मेथड है- एंटरटेनिंग मेथड। यह वह मेथड है जिसका उपयोग कॉमेडियन करते हैं या सामान्य बातचीत में पब्लिक स्पीकर या एंटरटेनर करते हैं। यह कैसे कर सकते हैं? एंटरटेनिंग मेथड में स्टोरीटेलिंग सबसे शानदार तरीका है। आपके ज़ेहन में ऐसे तमाम वक्ता याद आ रहे होंगे जो स्टोरी टेलिंग का इस्तेमाल करते हैं। असल में हर फील्ड के वक्ता इसका इस्तेमाल करते हैं। इसका मतलब यह नहीं है कि आपको 'एक था राजा एक थी रानी' से शुरू करना है। आप अपने जीवन में घटी किसी घटना को उठा सकते हैं, उसमें प्रॉब्लम आईडेंटिफाई करें और फिर धीरे-धीरे किसी निष्कर्ष तक ले जाएं। यह सामान्य पद्धति है, जिसे स्टोरीटेलिंग कहा जाता है। अगर आप पब्लिक स्पीकिंग को एंटरटेनिंग बनाना चाहते हैं तो यह तरीका अच्छा है, हालाँकि इसके लिए थोड़े अभ्यास की ज़रूरत पड़ सकती है।

3M में हमने पहले मैटर पर बात की और फिर मेथड पर। ऊपर की दोनों चीज़ों का इस्तेमाल आप मेन्स के आन्सर राइटिंग में भी करते हैं। आप पहले सूचनाएँ इकट्ठी करते हैं फिर उसे क्रमवार लिखते हैं। लेकिन अब

हम तीसरे M पर बात करने वाले हैं। यह वही चीज़ है, जिससे दरअसल आप डरते हैं। मैं मानता हूँ कि इसे मैं एक दिन में आपको नहीं सिखा सकता फिर भी आपको सीखना तो चाहिए। यह तीसरा M है- मैनर। यानी कि आपको अपनी बात कैसे कहनी है। इसमें वर्बल कॉम्युनिकेशन होगा और नॉन-वर्वल कॉम्युनिकेशन भी। आप अपनी आवाज़ में क्या गति रखते हैं। आप अपनी आवाज़ में कंपन कितना रखते हैं। आप समझाने की कोशिश कर रहे हैं या खारिज करने की कोशिश कर रहे हैं। जब आप समझाने की कोशिश करते हैं तो आपकी आवाज़ ऐम्पथेटिक होती है। आपकी आवाज़ में एक तरह का घर्षण होता है और आपकी आवाज़ से आमतौर पर श्रोता पर फ़र्क पड़ता है। इसके साथ ही ज़रूरी है नॉन-वर्वल कॉम्युनिकेशन यानी कि बॉडी लैंगुएज। आप इस बात का ध्यान रखते हैं कि आपके जेस्चर क्या हैं, फेशियल एक्सप्रेशंस क्या हैं और आप किस तरीके से खड़े या बैठे हुए हैं। आपने अपने लेक्चर स्टैंड या पोडियम को कैसे पकड़ रखा है। आप उसे बार-बार पीट-पीटकर बोल रहे हैं या स्थिर तरीके से। हालाँकि यहाँ पर स्टाइल मैटर करता है, लेकिन मेरा अनुभव है कि जब आप गंभीरता से कोई बात कहते हैं तब आपको लेक्चर स्टैंड पीटने की ज़रूर नहीं पड़ती। जब आप सहज ढंग से सामान्य गति से बोलते, संदेश देते हैं तो वो संदेश सबसे अच्छे तरीके से पहुँचता है।

जैसे मैंने कहा, आपको ध्यान रखना पड़ेगा कि आपकी गति कैसी है। आपकी आवाज़ में घर्षण और कंपन है या नहीं है और आप किस भाषा में बात कर रहे हैं। कहीं आप विपक्षी लोगों को नीचा दिखाने की कोशिश तो नहीं कर रहे हैं? शिष्टाचार और समानता का ध्यान रख रहे हैं या नहीं। यह सब वर्बल कम्युनिकेशन का हिस्सा है। यह सब आपके मैनर का हिस्सा है।

शब्दों की साख सीमित है।
अगर आप चाहते हैं कि सामने वाला आप पर विश्वास करे
तो आपकी बॉडी लैंग्वेज में भी वही होना चाहिए
जो आप ज़ुबान से कह रहे हैं।

अध्याय - 2

बॉडी लैंग्वेज

जब हम किसी समूह के सामने कुछ बोल रहे होते हैं या पब्लिक को एड्रेस कर रहे होते हैं तो हमारे पास उन्हें देने के लिए केवल शब्द होते हैं। और शब्दों की साख, उनकी क्रेडिबिलिटी सीमित होती है। इसलिए अगर आप चाहते हैं कि आपके श्रोता आपकी बातों पर विश्वास करें तो आपको अपने शब्दों को पुष्ट करना पड़ता है। आपको उन शब्दों को और मज़बूत बनाना पड़ता है, बातों में क्रेडिबिलिटी लानी पड़ती है। ऐसा करने में आपकी बॉडी लैंग्वेज आपकी मदद करती है। आप कैसे बैठे या खड़े हैं, आपकी आँखें क्या कह रही हैं। आपके चेहरे पर मुस्कान है या नहीं। आपके हाथों का मूवमेंट क्या है। आपका शरीर कांप रहा है या स्थिर है। इस सब का सामने वाले पर असर पड़ता है।

यह बार-बार कहा जाता है कि वक्ता के कहे का प्रभाव 10 से 15 फीसद ही होता है। बाकी प्रभाव तो वक्ता कौन है और वक्ता ने यह बात कैसे कही, उसकी बॉडी लैंग्वेज क्या है, उससे तय होती है। इसलिए बॉडी लैंग्वेज पर आपको गंभीरता से विचार करना है। मैं आमतौर पर विद्यार्थियों

को बताता हूँ कि बॉडी लैंग्वेज के दो प्रमुख काम हैं। पहला, जैसा मैंने कहा, क्रेडिबिलिटी पैदा करना। अर्थात यह विश्वास जमाने का काम करती है। इसका दूसरा महत्त्वपूर्ण काम इमोशन को एक्सप्रेस करना है। मान लीजिए आपको क्लास का मॉनिटर बनाया गया। शिक्षक जब मॉनिटर बनाता है तो मॉनिटर से अपेक्षा रखता है कि वह क्लास में ईमानदारी से बिना किसी भेदभाव के अनुशासन बनाये रखेगा। लेकिन वह भेदभाव नहीं कर रहा है, यह विश्वास वह अपनी क्लास को कैसे दिलाएगा? ज़ाहिर है, वह ऐसा तब कर पाएगा जब बोलते हुए उसकी बातें और बॉडी लैंग्वेज विश्वास के मानकों को संप्रेषित करें। अगर वह डरकर बोलेगा, अगर वह आँखों को थोड़ा टेढ़ा कर के बोलेगा तो यह लगेगा कि वह चीटिंग कर रहा है, लोग समझेंगे कि वह झूठ बोल रहा है। तो स्वाभाविक है कि उसका प्रभाव कम होगा। यह तो मैं स्कूली जीवन से आपको उदाहरण दे रहा था लेकिन आपने इसे बाकी जगहों पर भी देखा होगा।

जब कोई नेता आपसे वोट माँगने आता है, कोई धार्मिक उपदेशक आपको अपने धर्म की अच्छी बातें बताता है या फिर कोई सेल्समैन अपना कोई सामान बेचने के लिए आपके सामने खड़ा होता है, तो स्वाभाविक ही उम्मीद करता है कि उसकी कही गई बात पर आप विश्वास करें। लेकिन बात यह है कि यह विश्वास कब हासिल होता है? यह विश्वास तब हासिल होता है जब आपकी देहभाषा और आपके संदेश में तारतम्य हो। इन दोनों में एक सिनर्जी हो। ऐसा करने के लिए आपको अपनी बॉडी लैंग्वेज को पहचानना पड़ता है, समझना पड़ता है कि आपकी बॉडी लैंग्वेज की कौन-सी मूवमेंट, देहभाषा का कौन सा पक्ष विश्वास कायम करता है और कौन विश्वास के विरोध में जाता है।

इसी का एक दूसरा पक्ष है, इमोशन को व्यक्त करना। आपके शब्द हमेशा आपकी संवेदनाओं को व्यक्त नहीं करेंगे। मान लीजिए आप जोश से भरा हुआ कोई वक्तव्य दे रहे हैं। आपके वाक्य एकदम जोश से भरे हुए हैं

लेकिन आपकी बॉडी लैंग्वेज एकदम पस्त है। ऐसे में स्वाभाविक है कि आप, लोगों में जोश नहीं भर पाएँगे। अगर आप वीर रस के कवि हैं और करुण रस के हावभाव के साथ कविता पढ़ रहे हैं तो क्या किसी में उत्साह भरेगा? आप जानते हैं कि प्रभाव इसके ठीक विपरीत होगा। आप किसी को सांत्वना देने की कोशिश कर रहे हैं लेकिन आपकी बॉडी लैंग्वेज एकदम सख्त है, जोश से भरी हुई है, तो क्या आपकी भावनाएँ उस तक पहुँच पाएँगी? नहीं। इसलिए आप अपनी बॉडी लैंग्वेज को अपने मूल वक्तव्य के साथ तारतम्य में लाना होगा।

ऐसा करने में आपकी बॉडी में क्या-क्या चीज़ें शामिल होती हैं, इन्हें आपको समझना पड़ेगा। मैं सबसे पहले जिस चीज़ की बात करता हूँ, वो है- पोस्चर। आप किस तरह खड़े या बैठे हैं। क्या आप क्रॉस लेग करके बैठे हैं। आपने अक्सर मुझे इंटरव्यूज़ में यह बात कहते सुना होगा मैं एस्पिरैन्ट्स को बोलता हूँ कि किसी भी कीमत पर आपको क्रॉस लेग नहीं बैठना है। भारतीय परिदृश्य में क्रॉस लेग बैठने की बिल्कुल ज़रूरत नहीं होती। आप इस बात को समझिए, जब आप क्रॉस लेग बैठे हैं, और ख़ासतौर से इंटरव्यू में क्रॉस लेग बैठे हैं, तो यह आपकी नर्वसनेस को दिखा रहा है। स्थितियों के हिसाब से चीज़ें बदलेंगी। आप घर में क्रॉस लेग बैठ सकते हैं। मैंने भारतीय परिदृश्य इसलिए भी कहा क्योंकि आमतौर पर भारतीय परिदृश्य में हम जो पोशाकें पहनते हैं उनमें क्रॉस लेग बैठने की आवश्यकता बहुत ज़्यादा नहीं होती। मसलन स्कर्ट्स नहीं पहनी जाती, या कम पहनी जाती है। अगर आपने पहन रखा है तो ज़रूर आप क्रॉस लेग बैठ सकते हैं। कुल मिलाकर आपको अपने बॉडी पोस्चर का ध्यान रखना है। जैसे कंधों का झुका होना अक्सर आत्मविश्वास की कमी को बताता है। इसका विपरीत भी बहुत आसान है। आत्मविश्वास कम है लेकिन अपने कंधों को आप अगर सीधा कर लेंगे तो आपके अपीयरेंस में आत्मविश्वास थोड़ा-सा बढ़ जाएगा। तो पहली चीज़ हुई पोस्चर।

दूसरी चीज़ है- आई कांटेक्ट। जिससे आप बात करते हैं, उसकी आँखों में देखना। चूँकि आप पब्लिक स्पीकिंग कर रहे हैं, तो संभव है एक से ज़्यादा व्यक्ति होंगे। ऐसी स्थिति में आप मंच पर हैं तो सामने एक वृत्त बना लीजिए। मैं जो तरीका अपनाता हूँ, वह यही है। यदि मैं मंच पर हूँ और मेरे सामने 500 लोग बैठे हैं तो मैं ऑडियंस के बीच पाँच या छः छोटे-छोटे सर्कल्स इमेजिन करता हूँ। फिर मैं बारी-बारी से, लेकिन रैंडमली, उसके बीच अलग-अलग वृत्त को देखता हूँ। इससे उस समूह के लोगों के साथ सामान्यतः आई कॉन्टेक्ट बनता हुआ दिखाई देता है। अब चूंकि मैंने चार-पाँच वृत्त बना लिए हैं, तो धीरे-धीरे पूरे सभागार को यह लगता है कि मैं उनसे बात कर रहा हूँ। इससे एक आत्मविश्वास बनता है तथा लोगों और मेरे बीच में एक तरह का विश्वास कायम होता है। आप भी ऐसा कर सकते हैं। यदि आप पाँच लोगों से बात कर रहे हैं तो किन्हीं दो-तीन लोगों से आई कांटेक्ट बनाइए। अगर आप पचास लोगों से बात कर रहे हैं तो आप भी छोटे-छोटे दो या तीन ग्रुप बना लीजिए, जिनकी तरफ देखकर आप बात करेंगे। दूसरा ध्यान रखिएगा, जैसे आत्मविश्वास आपकी देह की भाषा में व्यक्त होती है ठीक वैसे ही आत्मविश्वास की कमी भी आपकी देह की भाषा में व्यक्त होती है। आपकी नर्वसनेस हाथ मिलाने में आपके हाथों के कांपने में व्यक्त होती है। आपकी आँखों के बार-बार ऊपर जाने या बार-बार नीचे जाने, ख़ास तौर से ऊपर जाने में व्यक्त होती है। इसलिए आँखों को थोड़ा-सा नियंत्रित करना पड़ेगा। आपको समझना होगा कि नर्वसनेस की अभिव्यक्ति आपकी देह भाषा में होती है। इसलिए आपको उसे नियंत्रित करने की कोशिश करनी है।

आप पूछेंगे सर यह सब तो तथ्यात्मक बातें हैं। हम इसे करें कैसे ? इसके लिए फिर से वही तरीका, निकालिए अपना मोबाइल फ़ोन। मोबाइल फ़ोन को अपने आई लेवल पर रखिए। आई लेवल पर रखने का अर्थ है कि आपके मोबाइल फ़ोन का कैमरा आपकी आँखों के समानांतर होना चाहिए। ऐसी जगह पे कैमरे को फिक्स कर दीजिए। उसके बाद उस कैमरे में देखते हुए एक मिनट का वक्तव्य दीजिए। जब आप कैमरे की तरफ देख रहे

हैं तो कैमरा आपकी तरफ भी देख रहा है। उसे आप एक श्रोता की तरह इमेजिन कर सकते हैं। देखिए कि आप किस गति से बोल रहे हैं। आपकी देह, आपकी आँखें, आपके हाथ और आपका शरीर क्या बोल रहा है? वह आपके संदेश के अनुरूप है या नहीं। ऐसे में मैं मूलतः तीन तरह के इमोशंस की बात करता हूँ। अगर आप इन तीन इमोशंस को साध लेते हैं तो काम चल जाता है। पहला इमोशन है जोश। मान लीजिए आपको दो वाक्य बोलने हों, और उन्हीं दो वाक्यों में आपको जोश पैदा करना हो तो आप कैसे करेंगे। दूसरा इमोशन है- प्रेम। आपको सद्भाव, प्रेम और सहानुभूति के साथ बात करनी है। अगला इमोशन है- क्रोध। आपको समझना होगा कि क्रोध और जोश अलग-अलग चीज़ें हैं। जोश वीर रस का स्थाई भाव है। क्रोध रौद्र रस का स्थाई भाव है। क्रोध, जोश और प्रेम इन तीन इमोशंस को आप बॉडी लैंग्वेज से कैसे व्यक्त करेंगे? इसके उस एक मिनट के वीडियो को ख़ुद देखिए और ऑब्जेक्टिवली सोचिए कि क्या वाकई इस वीडियो में जो संदेश दिया गया है आपकी बॉडी लैंग्वेज उसके अनुरूप है? जोश वाला वीडियो देखकर आपके अंदर थोड़ा बहुत जोश पैदा हो रहा है या प्रेम में प्रेम दिखाई दे रहा है या विरक्ति दिखाई दे रही है। ऐसा करके देखिए, पाएँगे कि आपने बॉडी लैंग्वेज को काफी हद तक साध लिया है।

हमारा व्यक्तित्व दरअसल केवल चंद चीज़ों की चेक लिस्ट नहीं होता।

अध्याय - 3

इंटरव्यू में रेड फ्लैग

अक्सर मुझसे यह सवाल पूछा जाता है कि सर आपने बहुत से इंटरव्यू लिए हैं, आपका फेवरेट इंटरव्यू कौन सा है? इस अध्याय में मैं इसी विषय पर चर्चा करूँगा कि वह इंटरव्यू इतना प्रभावी क्यों था। और साथ ही यह भी कि अगर आप चाहते हैं कि आपका इंटरव्यू प्रभावी हो तो किन चीज़ों से आपको अनिवार्यतः बचना चाहिए। अपने इस विश्लेषण में संभव है कि मैं अपेक्षित ऑब्जेक्टिविटी न बरत पाऊँ। ज़ाहिर है कि मैं जो कुछ कहूँगा 20-22 साल तक लगातार तरह-तरह के इंटरव्यू बोर्ड में होने और अपने को-पैनलिस्ट से डिस्कशन के आधार पर ही कहूँगा। आपसे डिस्कस करूँगा कि दरअसल पूरे तरीके से प्रभावित कर सकने वाले इंटरव्यू में क्या-क्या चीज़ें और बेहतर हो सकती थीं। ज़ाहिर है इसमें कुछ इंटरव्यूज़ का उल्लेख भी आयेगा लेकिन यह व्यक्तिगत लोगों पर केंद्रित चर्चा नहीं है।

सबसे पहले समझते हैं कि इंटरव्यू में क्या चीज़ दिखाई देती है, जिसके बाद मुझे लगता है कि यह एक रेड फ्लैग है। सबसे पहला रेड फ्लैग है- **एरोगेंस**। अगर कोई कैंडिडेट अपनी ज़िंदगी के शायद सबसे महत्त्वपूर्ण साक्षात्कार में एरोगेंस का इंप्रेशन दे रहा है तो इट्स अ बिग रेड फ्लैग। ये

रेड फ्लैग इसलिए है क्योंकि सिविल सर्विसेज़ में आपके पास विवेकाधीन शक्तियाँ पर्याप्त होती हैं, ऐसे में अगर एरोगेंस आपकी पर्सनैलिटी का एक बेसिक ट्रेट है तो जब आपके हाथ में ये शक्तियां आएँगी तो यह आग में घी होगा। क्योंकि वहाँ तो एक अच्छे-ख़ासे विनम्र व्यक्ति के एरोगेंट हो जाने की आशंका है। उसमें भी अगर आप पहले से एरोगेंट हैं तो सोचिए वहाँ जाकर क्या होंगे। इसलिए किसी कैंडिडेट में एरोगेंस दिखाई देती है तो बोर्ड उसे रेड फ्लैग मानता है। आप पूछेंगे, सर एरोगेंस कैसे दिखाई देगी! क्योंकि बोर्ड के सामने तो अधिकांश कैंडिडेट विनम्र ही दिखने की कोशिश कर रहे होते हैं। बात बिल्कुल सच है। लेकिन कई बार एरोगेंस छिपाए नहीं छिपती। ये आपकी भाषा में दिखाई देती है। या आपके नॉन वर्बल कम्युनिकेशन में भी दिखाई देती है। बैठते समय जब आपसे कहा गया सीधा बैठना है तब सीधे बैठने का क्या मतलब आप लगाते हैं। आप कैसे देखते हैं। ख़ास तौर से अगर पुरुष हैं तो बोर्ड में जो फीमेल मेंबर्स हैं उनको देखते समय आपकी आँखों का व्यवहार कैसा होता है। इससे कई बार साफ-साफ एरोगेंस दिखाई देती है।

इसी तरह का एक और रेड फ्लैग है- असंवेदनशीलता। किसी सवाल का जवाब देते हुए आप हाशिए के समाज के किसी व्यक्ति के बारे में किस भाषा का व्यवहार करते हैं; वह स्त्री हो सकती है, दलित हो सकते हैं, अल्पसंख्यक हो सकते हैं या फिर मजदूर हो सकते हैं। मान लीजिए आप किसी बात पर हँस रहे हैं, तो किन चीज़ों पर आपको हँसी आती है, किन चीज़ों पर हँसी नहीं आती, इन सब में कई बार आपकी असंवेदनशीलता दिख सकती है। और किसी भी कैंडिडेट में जब असंवेदनशीलता दिखाई देती है तो इट्स अ बिग बिग रेड फ्लैग। क्योंकि किसी विविधतापूर्ण और डेमोक्रेटिक देश में असंवेदनशीलता ब्यूरोक्रेसी के लिए बहुत ही नुकसानदायक चीज़ है। इसे भी समझना होगा कि असंवेदनशीलता या इनसेंसिटिविटी आती कहाँ से है। यह आती है आपके प्रिविलेजेज़ से। मान लीजिए आप पुरुष हैं तो आप जेंडर के आधार पर प्रिविलेज्ड क्लास से हैं। मान लीजिए आप सापेक्षतः किसी संपन्न परिवार से आते हैं तो क्लास के आधार पर आप एक प्रिविलेज्ड क्लास हैं।

इसी तरीके से यह सभी सामाजिक श्रेणियों पर लागू होगा। इनसेंसिटिविटी अक्सर प्रिविलेज्ड के मन में डिप्राइव्ड के लिए होती है या हो सकती है। यह चीज़ें लोगों के विचार और जवाब के तरीके में भी दिखाई पड़ती हैं।

मान लीजिए कोई एक सवर्ण जाति का व्यक्ति इंटरव्यू बोर्ड के सामने आता है। हम उससे पूछते हैं कि दलितों के उत्थान के लिए आपके मन में क्या योजनाएँ हैं? ऐसे प्रश्नों का उत्तर देते समय वह दलितों के बारे में अन्य की तरह 'वे या उन्हें' संबोधित करके बात करता है या 'हम' के अंदाज़ में बात कर रहा है। अगर वह 'वे या उन्हें' के सेंस में बात कर रहा है तो इससे इनसेंसटिविटी स्पष्ट होती है। यह चीज़ भाषा के स्तर पर स्पष्ट होती है। और बहुत बार, जैसा मैंने कहा, यह आपके वर्बल और नॉनवर्बल कम्युनिकेशन में भी स्पष्ट होती है। मसलन क्या आप बोर्ड के पुरुष सदस्य के बनिस्बत फीमेल मेंबर से बात करते समय भिन्न तरीके से बात कर रहे हैं। यह एक इनसेंसटिविटी है। अगर आप स्त्रियों से बात करते हुए मेंसप्लेन करने लगते हैं तो यह इनसेंसटिविटी है। मेंसप्लेन की प्रवृत्ति पुरुषों में सामान्यतः पायी जाती है। पुरुष जब स्त्रियों से बात कर रहे होते हैं तो व्याख्या पर बल देते हैं। क्योंकि स्वयं को उच्चतर स्थिति में रखते हैं। इस कारण वे व्याख्या करने लगते हैं।

मेन+एक्सप्लेन= मेंसप्लेन

यह हमारे समाज में पुरुषों की विचित्र लेकिन सामान्य आदत है। हमारी सहकर्मी शिक्षिकाएँ बताती हैं कि कई बार क्लास में स्टूडेंट भी ऐसा करते हैं। कल्पना कीजिए आप शिक्षिका हैं और आपका विद्यार्थी क्लास में खड़े होकर आपको कोई बात एक्सप्लेन करने लगे तो आप उसके बारे में क्या धारणा बनाएंगे। आप समझ सकते हैं कि उसके ज्ञान और अनुभव की स्थिति यह कतई नहीं है कि वह अपने शिक्षक को एक्सप्लेन करे। शिक्षिका की जगह पर अगर कोई पुरुष शिक्षक खड़ा होगा तो वह यह नहीं करेगा। इसी तरह सामान्यतः पुरुष बैठते हुए अपने लेजीटीमेट स्पेस से ज़्यादा जगह घेरकर बैठते हैं। इसे मेंसप्रेड कहते हैं।

तो मेन्सपलेन करना, मैनस्प्रेड करना या वंचित समूह के प्रति वर्बल या नॉन वर्बल तरीके से असंवेदनशीलता व्यक्त करना इट इज अ बिग रेड फ्लैग।

एक और रेडफ्लैग है- डिसऑनेस्टी। इसे समझना सबसे आसान है। आपसे कोई सवाल पूछा गया आपके पास उस सवाल का उत्तर नहीं था उसके बावजूद आप साबित करना चाहते हैं कि आपके पास उत्तर है। यह ज्ञान का सवाल नहीं है, यह आपकी इंटीग्रिटी का सवाल है। ऐसा होना संभव है कि आपसे सवाल पूछा गया और आपके पास उत्तर न हो। ऐसे में आप विनम्रता से कह सकते हैं कि सर/मैडम मेरे पास इसका उत्तर नहीं है। दरअसल यह मानते हुए कि शायद आपसे ये पूछा नहीं जाएगा या आप इसे साध ले जाएंगे, आपने डिस्ऑनेस्टी दिखाई। जो चीज़ आपके पास नहीं थी आपने उसका दावा पेश किया कि आपके पास है। ये इंटीग्रिटी का सवाल हो जाता है।

मैंने तीन इंपॉर्टेंट रेड फ्लैग्स की चर्चा की। ऐसी और भी चीज़ें हो सकती हैं। इसपर धीरे-धीरे आप खुद सोचें।

कई इंटरव्यूज़ हमें याद रह जाते हैं। और वह याद इसलिए रह जाते हैं क्योंकि कैंडिडेट मजबूर कर देता है। एक कैंडिडेट, जिसने ओडिसा के सिविल सर्विसेस को टॉप किया लेकिन टॉप करने के बावजूद वह जॉइन नहीं कर पायी। फाइनली वो आईएस बनती हैं। इस कहानी की वजह से उस कैंडिडेट का नाम मुझे याद आ रहा होगा। याद रह जाने के दो प्रमुख कारण थे। अब जैसा हमने रेड फ्लेग्स की बात की थी इसका ठीक अपोजिट ग्रीन फ्लेग्स हो जाएगा। यहाँ पर दो इंपॉर्टेंट ग्रीन फ्लैग्स हैं। एक सेंसिटिविटी और दूसरा स्ट्रगल। ये दोनों इस महिला कैंडिडेट के व्यक्तित्व में दिखाई देता था। मैं बात कर कर रहा हूँ संजीता की। आप खोजें तो शायद उसकी वीडियो कहीं मिल जाए। उसमें सेंसिटिविटी भी दिखाई देगी और उनकी स्ट्रगल भी। मैंने बार-बार बताया है कि जब मैं किसी भी कैंडिडेट का इंटरव्यू

ले रहा होता हूँ तो मेरे लिए यह एक कहानी पढ़ने जैसा होता है। मेरे लिए यह एक स्टोरी रीडिंग एक्सरसाइज़ होती है। उसकी पूरी ज़िंदगी एक कहानी की तरह दिखाई देती है। इस कैंडिडेट की कहानी में आप देखेंगे कि उसमें स्मार्टनेस है, उसमें मेहनत है, उसमें संघर्ष है और एक यात्रा है। इस यात्रा में संवेदनशीलता का भी सवाल आता है। जिसमें वह उस त्याग के लिए तैयार हो जाती है या सामाजिक रूप से विवश हो जाती है जिसे कोई अन्य व्यक्ति आसानी से नहीं कर पाएगा। ज़ाहिर है संघर्ष की बात तो है ही। यह एक इंटरेस्टिंग केस स्टडी भी हो सकती है। ऐसे ही आप सब लोगों ने रवि कुमार सिहाग के कई इंटरव्यूज़ देखे होंगे। उन्होंने मल्टीपल इंटरव्यूज़ दिये हैं। उसकी कहानी लगभग संघर्ष की कहानी है। आप उनसे सहमत हो सकते हैं, असहमत हो सकते हैं। मैंने उनको लगातार संघर्ष करते हुए देखा है और कई बार इंटरव्यूज़ लिया है। उनमें से कुछ ही इंटरव्यू ऐसे हैं जो कि ऑनलाइन गये हैं। लेकिन मैंने जो इंटरव्यूज़ लिए उनकी संख्या उससे ज़्यादा है। उस इंटरव्यू में आप देख सकते हैं स्ट्रगल क्यों इंपॉर्टेंट चीज़ है। क्योंकि आप देखते हैं कि एक ग्रामीण पृष्ठभूमि का हिंदी माध्यम का विद्यार्थी है। ज़ाहिर है कि उसके पास संघर्ष रहे होंगे। उसके पास वो शुरुआती प्रिविलेजेज़ कम हैं जो प्रिविलेज सामान्यतः आपको एक आगे की स्टार्टिंग लाइन देते हैं। इस सब के बावजूद बाकी लोगों की तुलना में उनसे 30 मिनट तक ईमानदारी से बात करना रोचक है।

जब मैंने रवि कुमार सिहाग का पहली बार इंटरव्यू लिया था तब उन्होंने बड़े रोचक से डिटेल्स दे रखे थे। डिटेल में यह था कि उनके परिवार की जो कृषि से होने वाली आमदनी है वो लगभग एक लाख सालाना है। वहीं दूसरी ओर उन्होंने माँ की आय शून्य लिखी। मैंने उनसे पूछा कि राजस्थान में तो महिलाएँ भी खेती का काम करती हैं, क्या आपकी माता जी खेत पर काम नहीं करतीं? तो उन्होंने कहा कि हाँ सर माता जी खेत पर काम करती हैं। हमारे पूरे इलाके में स्त्रियों को खेत पर काम करना पड़ता है। इसपर मेरा प्रश्न था कि जब आपकी माताजी भी खेत पर काम करती हैं तो फिर आपने पिता

की आय को एक लाख और माता की आय को शून्य क्यों लिखा? बराबर क्यों नहीं लिखा? बड़े पैमाने पर खेती का फेमिनाइजेशन पूरी दुनिया में हुआ है राजस्थान में भी हुआ है। मैं अनुमान से कह रहा हूँ कि आपकी माता जी भी इस खेती में सहायता करती ही होंगी फिर आपने इस राशि को केवल पिता की आय क्यों बताया है। इसमें माताजी की आय को क्यों नहीं शामिल किया? यहाँ पर आने के बाद वह संवेदनशीलता आती है। बहुत साधारण सवाल है अक्सर पूछा जाता है। जब भी ऐसी कोई ग़लती करता है और अधिकांश लोगों का इसमें उत्तर होता है कि चूंकि ज़मीन पिता के नाम पर है इसलिए मैंने आमदनी पिता की रखी है। लेकिन रवि ने तुरंत कहा सर यह ग़लती तो हुई है। खेती में मम्मी का भी योगदान रहता है।

आपको लगेगा कि मैंने उसकी ग़लती पकड़ ली और इस कारण उसकी छवि नेगेटिव बनेगी। जबकि सच्चाई क्या है कि यहाँ पर व्यक्ति की संवेदनशीलता दिखी। व्यक्ति की इंटीग्रिटी, ईमानदारी दिखी। जिन-जिन चीज़ों को हमने रेड फ्लैग कहा था ये तीनों चीज़ें एरोगेंस की जगह विनम्रता दिखाई दे रही है, इनसेंसिटिविटी की जगह पर संवेदनशीलता दिखाई दे रही है और डिसऑनेस्टी की जगह पर ईमानदारी दिखाई दे रही है। तो यह एक उत्तर जो कि दरअसल अपनी ग़लती का स्वीकार है, एक पॉजिटिव चीज़ बन गया।

इंटरव्यूज़ की एक तीसरी श्रेणी है, जो मुझे बहुत पसंद है। अक्सर आप लोगों को शायद वो उतने पसंद नहीं होंगे। क्योंकि वो टेबल के इस तरफ से ही पसंद हो सकते हैं। ये है जब आपके सामने कोई ऐसा कैंडिडेट आकर बैठे जिसे हम आईआईटी और इंजीनियरिंग के कॉलेज की भाषा में फंडू कैंडिडेट कहते हैं। यानी वह कैंडिडेट जिसमें सोशल स्किल्स थोड़ा कम दिखाई दे सकता है। असल में सोशल स्किल्स उसकी प्रायोरिटी में नहीं होती। लेकिन वो अपने विषय को लेकर एकदम डूबे हुए कैंडिडेट होते हैं। जब आपके पास ऐसा कोई कैंडिडेट आता है तो एक शिक्षक के तौर पर मन खुश हो जाता है।

ऐसे कई कैंडिडेट मुझे अभी भी याद आ रहे हैं। मसलन अगर आप जाकर रजत शर्मा का इंटरव्यू देखें। ये रजत शर्मा हैं, जो आईएएस अधिकारी बनते हैं। रजत शर्मा गणित के शानदार विद्यार्थी रहे। अमृतपाल कौर का इंटरव्यू, जो कि इंजीनियरिंग की शानदार स्टूडेंट रहीं। या फिर मुझे याद आ रहा है आशुतोष कुमार का इंटरव्यू, जो कि गणित से आईटी कानपुर के आये हुए कैंडिडेट थे।

ऐसे कंडीडेट से बात करते समय आप इसलिए खुश नहीं होते कि कोई अतिरिक्त बात है। आप खुश इसलिए होते हैं कि जिस विषय के यह विद्यार्थी रहे उस विषय से इनकी मोहब्बत झलकती है। यानी इन्होंने अपनी लर्निंग अपॉर्चुनिटी को वेस्ट नहीं होने दिया। अगर गणित पढ़ रहे थे तो गणित पढ़ते समय, इंजीनियरिंग पढ़ रहे थे तो इंजीनियरिंग पढ़ते समय या सोशल साइंसेस पढ़ रहे थे तो सोशल साइंसेस पढ़ते समय उन्होंने उस विषय से प्यार किया। इसलिए उस विषय के बारे में इनके फंडामेंटल्स बहुत स्ट्रांग हुए और इसलिए इनसे बात करते समय ऐसा लगता है जैसे कोई म्यूजिशियन अपना वाद्य बजा रहा हो और आप उसको, उस संगीत को सुन सकते हैं। आप संगीत में चार ग़लती भी निकालेंगे ये अलग बात है। लेकिन इतनी मोहब्बत अपने डिसिप्लिन से होना यह इनके व्यक्तित्व को शानदार बनाता है।

हमारा व्यक्तित्व दरअसल केवल चंद चीज़ों की चेक लिस्ट नहीं होता। इस बात को समझिए कि हमारा व्यक्तित्व हमारे एनवायरमेंट के साथ हमारे इंटरेक्शन से तैयार होता है। अगर आपका इंटरेक्शन अच्छा हुआ है तो आपका व्यक्तित्व संतुलित व्यक्तित्व होता है।

किसी भी चीज़ के बारे में सतही टिप्पणी न करें।

अध्याय - 4

व्यक्तित्व की गहराई

कभी आपके साथ ऐसा हुआ कि आपने किसी व्यक्ति से भेंट की फिर कुछ सालों बाद वह व्यक्ति दोबारा मिला हो। मान लीजिए कुछ-कुछ अंतराल पर एक-दो बार और मिलना हुआ हो। हर साल आपको उसके व्यक्तित्व में कुछ अंतर दिखाई देगा। अगर आप मुझसे पूछें तो मुझे रवि सिहाग के मामले में या बहुत से दूसरे कैंडीडेट्स के मामले में, समय के साथ पर्सनैलिटी में आने वाले इस बदलाव से कई रोचक इनसाइट्स मिलीं।

इस अध्याय में हम यह समझने की कोशिश करेंगे कि कब किसका व्यक्तित्व गहरा या उथला दिखाई देता है। कब किसी व्यक्ति का व्यक्तित्व कुछ समय पश्चात अधिक परिपक्व, अधिक गंभीर दिखाई देने लगता है। इन मानकों को पहचानने की ज़रूरत है क्योंकि तमाम चीज़ों की तुलना में किसी के व्यक्तित्व और उसकी सिन्सियैरिटी का प्रभाव सबसे गहरा होता है। बहुत बार कैंडिडेट हमारे पास आते हैं, वो सवाल करते हैं कि सर मैं लगातार पढ़ाई-लिखाई में लगा रहा हूँ, बाकी गतिविधियों में मैंने हिस्सा नहीं लिया है, इससे मेरी पर्सनैलिटी पर क्या फ़र्क पड़ेगा? या फिर वे इससे उलट बात

कहते हैं। वे कहेंगे कि सर मेरे पास एक्स्ट्रा इंटरेस्ट या हॉबीज़ की संख्या बहुत ज़्यादा है। ये मेरे व्यक्ति को कैसे दिखाएगा? इन सारी बातों का किसी व्यक्ति की अपियरेन्स पर क्या प्रभाव पड़ता है, हम उसपर बात करेंगे।

किसी पर्सनैलिटी में डेप्थ कब दिखाई पड़ती है? इसका सबसे पहला पैमाना यह है कि वह व्यक्ति जिस विषय पर बात कर रहा है उस बारे में उसकी जानकारी, अनुभव और उसकी प्रतिक्रियाएँ सुपरफिशियल या उथली न हों। दूसरा पैमाना उसकी लिसनिंग है। वह व्यक्ति किसी दूसरे की बात को सुनता कैसे है। रोचक बात है, यहाँ बोलने से ज़्यादा महत्त्वपूर्ण सुनना है। मतलब यह कि वह उसे एक्टिवली सुन रहा है या उसका दिमाग कहीं भटका हुआ है। अगर आप एक्टिव लिस्नर हैं तो आपको पता होता है कि किस जगह पर कैसी प्रतिक्रिया देने से यह प्रतीत होगा कि बातों में जेनुइन इंटरेस्ट ले रहे हैं। तो यह दूसरी चीज़ है, जिससे आप के व्यतित्व का गहरा प्रभाव पड़ेगा।

आप संवेदनशीलता कैसे दिखाते हैं? मसलन जब आप किसी टीचर से कोई बात करते थे और वह ध्यान से आपकी बातें सुनते थे तो आपको अच्छा लगता था। लेकिन जब कोई आपकी बातों को सिरे से नकार देता था तो आपको वह बुरा लगता था। जो व्यक्ति दूसरे को ध्यान से सुनता है और सिर्फ़ अपनी जानकारियों व अनुभवों के आधार पर दूसरों की बात को नकार नहीं देता, उसका मतलब यह होता है वह अन्य व्यक्तियों की सीमाओं के साथ-साथ अपनी सीमाएँ भी पहचानता है।

तैयारी करने वालों को अलग-अलग कोचिंग सेंटर्स में यह बात सिखाई जाती है कि आपको लिमिटेड रीडिंग करनी है। उन्हें बताया जाता है कि क्या पढ़ना है, इससे ज़्यादा आपको यह पता होना चाहिए कि क्या नहीं पढ़ना है और ये जो क्या पढ़ना है, इसमें कुछ अच्छी किताबें भी होती हैं, लेकिन ज़्यादातर वे किताबें होती हैं, जिन्हें आप कुंजी, नोट्स या प्रिपरेशन मटेरियल कहते हैं। आप एक ही तरह के प्रिपरेशन मटेरियल को बार-बार दोहराते रहते हैं। इसका परिणाम यह होता है कि आपके पास सूचनाओं का भंडार हो

जाता है। इससे आपको भ्रम होता है कि इस विषय में आप पर्याप्त जानकारी रखते हैं और ये भ्रम कई बार आपके एंपैथेटिक होने के रास्ते में आता है। इन सूचनाओं का परिणाम यह होता है कि आप सामने वाले व्यक्ति को खारिज करने पर ध्यान देने लगते हैं। जबकि पर्सपेक्टिव, इनसाइट या जिसे हम गंभीर विचार दृष्टि कहते हैं, वह सूचनाओं से अलग चीज़ है, जिसे आप सामान्यतः नहीं समझ पाते।

हमसे विद्यार्थी पूछते हैं कि मैं क्या करूँ, जिससे मेरे व्यक्तित्व में गंभीरता दिखाई दे? इस प्रश्न के जवाब के साथ मैं तीसरे बिंदु पर आता हूँ। यह सही है कि आपको घंटों पढ़ना है। ये सही है कि आपके प्रीलिम्स में जो चीज़ें पूछी जाएंगी उनमें बहुत सारे प्रश्नों का संबंध सूचनाओं से होगा। लेकिन इसके बावजूद अगर आपने अपने जीवन में किसी किस्म के पैशन या हॉबी को नहीं रखा है तो तय मानिए आपका व्यक्तित्व एकदम किताबी होगा। पैशन वाली चीज़ें करने से आनंद मिलता है। आप में ड्राइविंग को लेकर पैशन है। आपकी हॉबी कोई खेल है, फ़ोटोग्राफ़ी है।

हम फर्स्ट ईयर के विद्यार्थियों से बातचीत कर रहे थे। एक औसत से विद्यार्थी ने फ़ोटोग्राफ़ी क्लब जॉइन किया। थर्ड ईयर तक पहुँचने-पहुँचने वह फ़ोटोग्राफ़ी क्लब का कन्वीनर बना। मैंने जब इस विद्यार्थी से बात की तो मुझे समझ आया कि क्लब से जुड़ने के बाद चीज़ों के ऑब्जरवेशन को लेकर धीरे-धीरे उसकी डेप्थ बढ़ती गई थी। अब वह फ़ोटोग्राफी में सिर्फ़ रंग, प्रकाश और अँधेरे को ही नहीं, चेहरे के इमोशंस को भी समझ रहा था। उसके आधार पर प्रतिक्रिया भी कर पा रहा था। आप कह सकते हैं फ़ोटोग्राफ़ी तो एकदम भिन्न चीज़ है। बिल्कुल है, लेकिन आप देखेंगे कि फ़ोटोग्राफ़ी के पैशन में उसकी पर्सनैलिटी कैसे बदलती गयी। वह मुझसे बातचीत करते समय मेरे चेहरे के एक्सप्रेशंस के आधार पर ये समझ लेता था कि उसकी बात मुझे पसंद आई है या नहीं, मैं उसकी बात से सहमत हूँ या नहीं, फिर उसके अनुसार प्रतिक्रिया करता था। इसलिए ज़िंदगी में एक

शौक पालकर रखिए। कोई पैशन रखिए, कोई हॉबी रखिए। यह तो है ही कि जब आप मेन्स पास कर लेंगे तो इंटरव्यू में इससे कुछ मदद मिलेगी, लेकिन सिर्फ़ इसलिए ही हॉबी ज़रूरी नहीं है। प्रिलिम्स और मेन्स की तैयारी के दौरान आपके व्यक्तित्व की गहराई काम आने वाली है। जिन लोगों की एक या दो हॉबीज या फैशन होते हैं, उनकी पर्सनैलिटी की गहराई उन लोगों की तुलना में निश्चित तौर पर ज़्यादा होती है, जिनका कोई पैशन नहीं होता।

अब हम चौथे बिंदु पर पहुँच चुके हैं। यह बिन्दु है- सुपरफ़िशियल जजमेंट से बचें। हम किसी से बात कर रहे होते हैं तो उसकी जाति, क्षेत्र या जेंडर को लेकर तमाम आग्रह पहले से हमारे मन में होते हैं। इसलिए हम बिना बहुत सोचे तत्काल किसी निर्णय पर पहुँच जाते हैं। ये पूर्वग्रह हमारे निर्णय प्रक्रिया को प्रभावित करते हैं। इसलिए बहुत बार होता है कि उस व्यक्ति से या उसके बारे में बातचीत होते समय हम तत्काल किसी निर्णय पर पहुँच जाते हैं। जब कोई व्यक्ति किसी अन्य व्यक्ति घटना या इस तरह की चीज़ों के बारे में बहुत सतही कमेंट्स या टिप्पणियां करना किसी उथले व्यक्ति का सबसे मुखर प्रमाण है। इसलिए सुपरफ़िशियल राय देने से ज़्यादा बेहतर चुप रह जाना है, हालाँकि गंभीर राय देना उसका अगला चरण है।

तो अगर आप स्वयं को एक उथली पर्सनैलिटी नहीं दिखाना चाहते तो मेरी राय यह है कि किसी भी चीज़ के बारे में सतही टिप्पणी न करें। दूसरे के संवाद में जेनुइन इंटरेस्ट दिखाएँ। इसका मतलब आपको दूसरों के प्रति संवेदनशील होना है। तीसरा, मैंने कहा किसी एक हॉबी या पैशन को पालना है और अंततः मैंने कहा सुपरफिशियल जजमेंट पास नहीं करना है।

यदि आप इन कुछ चीज़ों का ध्यान रखते हैं तो आप पाएँगे कि आपके बारे में आमतौर पर लोगों की राय सकारात्मक बनने लगेगी।

चलते-चलते

यह किताब युवा छात्रों और प्रतियोगियों का मार्गदर्शन करने के अपने ढाई दशकों के लम्बे अनुभवों को साझा करने की एक शुरुआत है। वैसे तो जब आप गाइडेंस और मोटिवेशन के लिए इंटरनेट पर जाते होंगे तो मेरे बहुत से मॉक इंट्रव्यूज़ के वीडियो, शॉर्ट्स और रील्स आपके सामने आ जाते होंगे। एक नज़र देखने पर मैं भी उसी बाज़ार का हिस्सा समझा जा सकता हूँ पर इसके बावजूद मैं लगातार वे बातें भी कहने की कोशिश करता हूँ जो सुनने-समझने के लिए आपके कानों और मस्तिष्क को अतिरिक्त मेहनत करनी पड़ सकती है। जैसे कि मोटिवेशन के ब्लाइंडर्स आँखों पर लगाकर मुश्किल परीक्षाओं की लंबी दौड़ में भागना एडवाइज़ेबल नहीं है, आँख की सीध में ही नहीं, चारों ओर नज़रें घुमाकर देखना ज़रूरी है। जैसे कि प्रतियोगी परीक्षाओं में आपकी सफलता की गुँजाइश लोन वुल्फ़ की तरह कमरे में क़ैद होकर तैयारी करने से घटेगी, सामूहिकता में तैयारी करने से बढ़ेगी। जैसे कि प्रतियोगी परिक्षाओं को ज़िंदगी के अनुभवों और जीवंतता से ऊपर मानने की बजाय खेल भावना से उनका सामना किया जाना चाहिए। जैसे कि आपके

पास प्लान B होना चाहिए और होना चाहिए कोई शौक़ कोई हॉबी और एक तंदुरुस्त सोशल लाइफ़ ।

सबसे ज़रूरी है थोपे गये सपनों के दबाव में न आकर, अपने सपनों को अपनी आँखों से देखने की कुव्वत लाना। इस किताब में जो बातें आपने पढ़ीं वे हर जगह लागू हो सकती हैं पर यहाँ ये बातें भारतीय नौजवानों के लिए सबसे बड़े सपने- यूपीएससी के रिफ्रेंस से कही गई हैं। दुनिया के इस सबसे मुश्किल एग्ज़ाम के तिलिस्म- कब, क्यों, कैसे वाले सवालात पर आगे की किताबों में खूब बातें होंगी। अगर आपने चाहा तो प्रतियोगी परीक्षाओं का सामना करने के तरीकों और उस दुनिया की सच्चाइयों पर भी आपसे मुख़ातिब हुआ जाएगा। अभी तो यह किताब आपके सामने एक क़ायदे की तरह पेश है। असली इबारत आने वाली किश्तों में।

आप युवाओं के सपने चाहे सरकारी नौकरी पाने के हों या फिर कोई उद्यम स्थापित करने के, दुनिया के किसी चोटी के संस्थान में शोध और पढ़ाई के हों या फिर संभावनाओं से भरे किसी देश में जाकर बसने और जीने के। सपने का रंग चाहे जो हो, एक बात तय है कि सपना पूरा करने के लिए उसे ठीक से पहचानना उसे पूरा करने की दिशा का पहला कदम होता है और उसके लिये हौसला जुटाना अगला। मेरे लिए ऐसे युवाओं के हौसले को पहचानना एक ऐसी ही यात्रा है जो सतत है। ये यात्रा न इस किताब के साथ शुरू हुई न ही इस किताब के साथ ख़त्म ही होने वाली है।

किताब में क्या कहा गया है, ये तो आपने पढ़ा ही- इसके लिए तो आपका शुक्रिया रहेगा ही लेकिन सनद रहे- जो नहीं कहा गया वह भी साफ़ रहे तो और अच्छा। मसलन ये नहीं कहा गया कि सपना मत देखो, नहीं कहा गया कि सरकारी नौकरी का सपना कोई बुरी चीज़ है या उससे बचना चाहिए। ये भी नहीं कहा गया कि केवल साधन संपन्न लोगों के ही सपने पूरे हो

सकते हैं, बाकी लोग इन सपनों की दौड़ में केवल भरती की शय होते हैं। जो कहा गया है उसका मतलब ये भी नहीं है कि सब कुछ सोशल डिटर्मिनेशन के भरोसे छोड़ा जाना चाहिए और इंसान की कोई निजी कूवत है ही नहीं। बिलाशक व्यक्ति की अपनी सत्ता है और ऐसे बीसियों उदाहरण हैं जहाँ उसने सामाजिक बाधाओं के बावजूद सफलताएँ हासिल की हैं, बल्कि जो बात इंसान को इंसान बनाती है वह है ही इन बाधाओं के परे जाने की हिम्मत और इच्छाशक्ति। किताब तो बस इस बात के लिए आगाह करती है कि इन बाधाओं को जान लेना- इन बाधाओं को आगे-पीछे से देख लेना, समझ लेना ही वह रास्ता है जो इनके परे जाने की यात्रा की शुरुआत करता है। इनके प्रति आँख मूँद लेना सही रास्ता नहीं है। अगर आप इस राह के राही हैं तो पहले इस राह के अन्वेषी बनें।

एक बड़ा भ्रम यह है कि उत्साह और आलोचनात्मक विवेक की आपस में नहीं बनती। सच्चाई यह है कि आलोचनात्मक विवेक आपको सही राह दिखाता है और ऐसे में जो उत्साह अपने लक्ष्य के लिये आता है उसे रोज़ बरोज़ रिन्यू नहीं करना पड़ता। वह सूर्योदय से सूर्यास्त वाला हौसला नहीं होता बल्कि लगातार रहने वाला हौसला होता है। किताब के अध्याय आपको इसी हौसले की तरफ़ ले जाने की मंशा से लिखे गये हैं। उम्मीद है इन्हें अपने उद्देश्य में सफलता मिली होगी। यद्यपि लेखक को संतोष है कि यह किताब कुछ सवाल खड़े कर पाई, जवाब शायद उससे कुछ कम मिले होंगे, लेकिन इसीलिए ये यात्रा मेरे लिए अभी जारी है। विविधता के अभी कितने ही रंग हैं जो इन युवा सपनों में छितराए जाने का इंतज़ार कर रहे हैं।

सफ़र जारी रहे...

info@psdtalk.com

नोट्स

नोट्स

नोट्स